꿈해몽으로 당신의 미래를 푼다!!

현대 꿈해몽 비법

새로운 운명 감정법!!

李青林 著

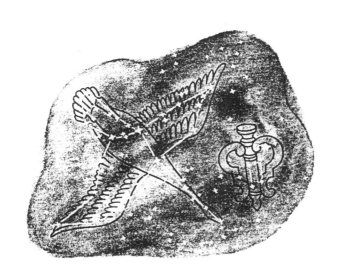

太乙出版社

첫머리에 *

꿈은 운명의 미래를 예시한다

　인간은 누구나 다 꿈을 꾸며 살아간다. 아마 일생을 통하여 꿈을 한 번도 꾸어보지 않은 사람은 없을 것이다. 꿈은 영혼의 움직임을 스스로가 느낄 수 있도록 가시화된 하나의 영상이라고 한다. 그래서 꿈을 꾸는 인간은 만물의 영장으로서 영적(靈的)인 동물로서 그 격(格)을 스스로 높일 수 밖에 없는 것인지도 모른다.

　흔히 꿈을 꾸고 나면 마음이 산란해지기도 하고 혹은 마음이 답답하여 웬지 불길한 예감에 사로잡히기도 한다. 그 꿈의 내용이 좋은 것이든 나쁜 것이든, 일단 꿈을 꾸고 나면 마음이 그리 홀가분하지만은 않다. 이러한 경험은 아마 대부분의 사람들이 마찬가지일 것이다.

　어떤 사람들은, 꿈이란 삶과 죽음을 초월한 새로운 세계라고 말하기도 한다. 또 혹자는 과거와 미래가 함께 어우러져 있는 복잡미묘한 5차원의 세계가 바로 꿈의 세계라고 평하기도 한다. 이러한 모든 평에 대해서는 필자로서도 자신있게 논평할 수가 없는 실정이다. 왜냐하면 꿈이란 인간의 영(靈)적인 신비의 베일 속에 깊숙이 숨어있는 미지의 사실이기 때문이다.

　그러나 한 가지 분명한 것은, 꿈의 현상을 통하여 어느 정도 우리 인간의 미래와 과거를 투시해볼 수 있다는 점이다. 그것은 일종의 예시적인 성격으로서 받아들여도 좋을 것 같다.

　꿈이 과연 인간의 미래를 예시해주는 암호인가? 에 대해서는 아직도 학자들간에는 논란이 많은 줄로 안다. 그러나 꿈에 관하여 끊임없이 연구하고 있는 학자들은 한결같이 꿈이 운명에 대한 예시성(豫示性)을 띠고 있는 것이 분명하다는 것이다.

그렇다면 그 꿈의 베일 속에 가려져 있는 예시성을 어떻게 풀어야 할까? 이 문제가 바로 꿈해몽이라는 열쇠를 부르는 호각소리인 것이다.

많은 사람들이 꿈을 꾸고 난 후에는 자신의 꿈이 과연 어떠한 예시성을 띠고 있는지에 대해서 한결같이 궁금하게 생각한다. 이 책에서는 바로 그러한 궁금증을 완벽하게 해결하기 위한 꿈의 실제 해몽편을 다루었다.

같은 소재의 꿈이라도 주위의 상황에 따라 꿈의 예시성은 판이하게 달라질 수도 있다. 그러므로 이 책의 제 2 장 꿈해몽의 실제 편을 참고하여 당신의 꿈을 해몽한다면 큰 무리없이 당신의 꿈에 나타난 예시성을 충분히 읽을 수 있을 것이다.

아무쪼록 이 책으로 말미암아 여러분의 미래에 행복의 불빛이 가득하기를 빈다.

가을의 문턱에서 지은이 씀.

차 례

✳ 첫머리에 / 꿈은 운명의 미래를 예시한다. ················ 7

제 1 장 당신도 꿈 해몽을 잘할 수 있다 ··· 13

1. 꿈이란 무엇인가 ····························· 14
2. 꿈은 과연 예언인가 ·························· 16
3. 꿈이 실생활에 미치는 영향 ················· 18
4. 꿈은 앞으로 다가올 일을 암시 ············· 20
5. 꿈속의 비밀은 모두 풀 수 있다 ············ 22
6. 꿈속에서의 성(性)의 상징물 ··············· 25
7. 여성의 성기와 오르가즘의 상징물 ·········· 27
8. 떨어지는 꿈과 도망가는 꿈 ··············· 30
9. 날아다니는 꿈과 달리는 꿈 ··············· 33
10. 고뇌와 갈등을 예시하는 상징물 ··········· 36
11. 꿈속에서의 죽음의 수수께끼 ·············· 39
12. 초보자도 꿈해몽을 잘할 수 있는가 ········· 41

제 2 장 꿈 해몽의 실제 ····················· 43

1. 만남과 이별에 관한 꿈 ···················· 44
2. 생각에 관한 꿈 ·························· 57
3. 행동에 관한 꿈 ·························· 61

4. 불과 빛에 관한 꿈·······················89

5. 사람의 몸에 관한 꿈·······················95

6. 신과 영혼에 관한 꿈·······················105

7. 책, 문구에 관한 꿈·······················107

8. 집과 건물에 관한 꿈·······················110

9. 옷과 악세서리에 관한 꿈·······················115

10. 돈과 재물에 관한 꿈·······················127

11. 서류와 신분증에 관한 꿈·······················133

12. 가재도구에 관한 꿈·······················135

13. 성(性)과 섹스에 관한 꿈·······················140

14. 질병에 관한 꿈·······················142

15. 음식물에 관한 꿈·······················146

16. 술과 잔치에 관한 꿈·······················154

17. 배설물에 관한 꿈·······················156

18. 과일과 채소에 관한 꿈·······················158

19. 짐승에 관한 꿈·······················160

20. 하늘과 날짐승에 관한 꿈·······················176

21. 산과 들에 관한 꿈·······················185

22. 식물과 나무에 관한 꿈·······················195

23. 뱀과 파충류에 관한 꿈·······················200

24. 날씨와 기상에 관한 꿈·······················204

25. 광물과 기계에 관한 꿈·······················211

26. 물과 강, 바다에 관한 꿈·······················214

27. 경기와 게임에 관한 꿈·······················224

28. 예술과 오락에 관한 꿈 ···································· 226
29. 전쟁과 무기에 관한 꿈 ···································· 229
30. 죽음과 시체에 관한 꿈 ···································· 235
31. 기 타 ·· 243

제 1 장
당신도 꿈 해몽을
잘 할 수 있다

1. 꿈이란 무엇인가

꿈이란 무엇인가? 무의식의 상태 속에서 경험하게 되는 또 하나의 사고(思考)의 영역, 그것은 현실적인 감각으로서는 참으로 이해하기 힘든 분야이다. 인간인 이상, 그리고 잠을 자는 이상 우리는 꿈에 대한 경험을 갖게 마련이다.

잠을 자면서 현실과는 또 다른 경험을 하게 되는 '꿈'이라는 것은 도대체 무엇일까?

프로이드는 '꿈이란 소망에 대한 자기 충족'이라고 말하였다. 현실에서 실현 불가능한 것을 꿈 속에서 이루어 보려는 인간의 노력이 잠재의식을 통해 나타난다는 것이다.

프로이드는 또한 '꿈이란 다분히 예시적(豫示的)이며 예언적(豫言的)인 일면을 가지고 있다'고 주장한다. 그러나 꿈의 영역은 현실과는 다르기 때문에 그 표출되는 방법도 현실과는 서로 다른 경우가 많다.

여기에서 꿈에 대한 해석 즉, '꿈해몽'이 제기된다. 꿈이란 현실에 대한 미래나 현재의 어떤 사실을 예시해 주는 잠재적인 힘을 가지고 있기 때문에 이를 올바로 해석하는 것이야말로 매우 중요한 일이 아닐 수 없는 것이다.

그래서 옛날부터 사람들은 꿈을 '해석'하려고 애써왔다. 그리하여 근본적으로 다른 두 가지의 방법을 꿈해몽에 사용하였다. 그 하나는, 꿈 내용을 어떤 전체물로 파악하여, 이것을 다른 보다 알기 쉬운, 그리고 어떤 점에 있어서 그와 유사한 내용에 의해 바꾸어

놓아 보려고 한 것이다. 이것이 바로 상징적인 꿈해몽이다. 예를 들면, 구약 성서에 나오는 요셉이 이집트 왕인 파라오의 꿈을 해석해 준 것과 같은 것이다. 살이 찐 일곱 마리 소에게 마른 일곱 마리 소가 와서 살찐 소를 잡아먹어 버리는 꿈이었는데 요셉은 이에 대한 해몽으로서, 이집트에 7년 동안 계속된 풍년으로 비축된 풍성한 곡물을 다음의 7년 간의 흉년이 와서 먹어 버린다는 것을 예시한 꿈이라는 것이다.

상징적인 꿈해몽과는 다른 또 하나의 해몽법은 일종의 '해독법'과 같은 해몽이다. 이 방법은 꿈을 일종의 예시에 대한 암호로써 취급한다. 여기에는 정해진 해독의 열쇠가 있기 때문에 그것을 사용하면 어떤 암호라도 뜻을 알 수 있는 다른 기호로 번역된다는 것이다.

예를 들면, 어떤 편지나 혹은 장례식에 관한 꿈을 꾸었다고 했을 때, 이를 해몽하기 위해서는 해몽에 관한 책을 뒤져보고 '편지'에 관한 꿈은 '불쾌한 일', '장례식'에 관한 꿈은 '약혼'이라는 식으로 번역하여 해몽하는 방법이다. 이렇게 하여 예시적인 꿈의 상황을 현실적인 방향으로 옮겨 놓고 생각하는 것이다.

이상과 같은 방법으로 꿈해몽을 하였을 때, 그 방법이 상징적이든 해독법적이든간에 예시에 대한 꿈의 내용을 놓고 현실적으로 대처방안을 강구하게 된다는 점에서 꿈해몽은 예나 지금이나 많은 사람들의 큰 관심거리 중의 하나이다.

2. 꿈은 과연 예언인가

　그렇다면 꿈은 과연 예시성(豫示性)을 띤 잠재의식의 표출인가?
이 문제에 관해서는 예로부터 많은 논란이 있어 왔다. 그러나 꿈
에 대한 공통된 하나의 의견은 '다분히 예시적(豫示的)'이라는
것이다.

　만약 꿈이 예시적인 것이라면 이에 대한 해몽을 정확하게, 올
바로 할 필요가 있다. 여기서 예시적이라는 것은 시간과 공간을
초월하여 미래에 관한 운명의 일부를 미리 들여다 본다는 것을 의
미한다. 따라서 그릇된 꿈해몽은 자신의 운명에 대한 그릇된 판단
이 되므로 엄청난 착오의 결과를 가져오게 될 수도 있는 것이다.
그러므로 꿈해몽의 중요성은 여간 크지 않을 것이다.

　꿈에 대한 연구를 계속해온 각계의 전문가들의 의견에 따르면
꿈이란 흔히 그날 일어났던 중요한 일들이 되살아나기도 하고 최
근의 체험이 나타나기도 하는 것이므로 일률적으로 해몽하기란 어
렵다는 것이다.

　자기 자신의 꿈에 대한 체험적인 것을 메모해 두었다가 다른 사
람의 꿈과 비교해 보면 알 수 있는 일이지만, 꿈에는 인상깊은 형
태의 것이 많다. 시간과 장소, 등장인물 등의 구체적인 요소는 가
지각색이지만, 가령 뛰어간다, 위에서 아래로 떨어진다, 즐겁다,
무섭다, 갇혔다 등의 체험에서 생각할 수 있는 어떤 공통된 현상
을 프로이드는 '상징(심벌)'이라는 단어로 표현하고 있다.

　〈과수원을 지나면서 감나무에서 감을 땄다. 큰 개가 쫓아와서

덤벼들었다. 몹시 무서워서 소리를 질렀지만 웬지 소리가 나오지 않았다.〉

〈친구와 단둘이 철로를 걷고 있다. 철로를 반쯤 건너갔을 때 앞쪽에서 기차가 달려오고 있다. 진퇴양난이다. 침목을 붙들고 철교 밑으로 매달려서 위험을 모면하고자 하였다. 그런데 손이 너무 미끄러워서 그만 다리 아래로 떨어지고 말았다.〉

앞의 꿈에서 추출할 수 있는 것은 감딴다, 개에게 쫓긴다, 무섭다는 것과 과수원, 감, 개, 소리가 나오지 않는다는 것 등이다. 뒤의 꿈에서는 떨어진다, 철로, 기차, 철교 등등이다.

하나의 꿈을 통하여 이와같이 추출된 언어 그 자체에는 별 뜻이 없다. 그러한 단어들이 누구의 꿈에 어떻게 나타나든간에 그 뒤에 숨은 의미를 찾아낼 수가 있다는 것이다.

물론 거기에서 찾아내는 뜻은 일종의 통일성을 갖춘 상징적인 것이다. 예를 들면 '지성'에의 예시, '지배욕'에 대한 예시, '성교에 대한 갈망'에의 예시, '폭력에의 집착'에 대한 예시, '자유'에의 예시라는 해석이 가능해진다. 이러한 기본적인 골격에다가, 꿈을 꾼 본인이 자기의 상황에 맞추어 구체화하고 살을 붙여 보다 완벽한 해몽을 할 수가 있는 것이다.

따라서 지금까지의 조사 결과를 통해 보면 꿈은 다분히 예시적이며 예언적이라는 결론에 접근할 수가 있다. 물론 모든 꿈이 다 예시적이고 예언적이라는 것은 아니다. 때에 따라서는 무의미한 꿈도 있을 수가 있을 것이다. 속칭 '개꿈'이라고 불리우는 꿈의 형태, 잠재의식의 표출이 아닌, 신경과민에 의한 무작위의 꿈 형태도 있을 수 있다는 것이 근래의 정신 분석학자들의 연구 결과 밝혀지고 있기 때문이다. 그러나 꿈을 연구하는 정신 분석학자 중 80~90% 이상은 '꿈은 예지성을 띠고 있다'는 결론에 결코 반론을 제기하지 않고 있다.

3. 꿈이 실생활에 미치는 영향

꿈이 예시적, 또는 예언적인 것이라면 꿈을 실생활에 유익하게 이용하는 방법이 없을까?

꿈을 실생활에 유익하게 이끌려는 생각은 매우 흥미있는 테마이다. 이 문제의 해결을 위해서는 단순히 꿈에 대한 심층적인 심리를 이해하고 해부한다는 이론적인 생각보다는 보다 실제적이고 구체적으로 꿈을 해석하는 것이 바람직하다고 본다. 왜냐하면 결정론적인 사고방식은 실생활에 있어서 결코 도움될 수가 없기 때문이다.

현재 미국에서는 실용주의자들의 꿈해몽에 관한 연구가 활발히 진행되고 있다. 홀 박사에 의해 시도된 실용적인 꿈해몽 연구는 안파라디 여사에 이르러 보다 체계화 되고 알기 쉬운 해몽법으로 구체화되어 가고 있다. 특히 안파라디 여사는 그의 저서 「드리임 파워」에서 꿈해몽에 대해 다음과 같이 언급하고 있다.

'사람은 누구든지 꿈을 꾼 후 그 꿈에서 의미를 찾고 있다는 사실에 나는 조금도 놀라지 않는다. 옛날에는 꿈에 대한 해몽을 주술사(呪術師)나 승려, 또는 현인(賢人)에게서 받았으나 오늘날에는 꿈에 대한 정신요법 전문가의 손에 의뢰하는 사례가 늘어나고 있다. 나는 꿈을 제시한 여러 사람들을 눈여겨 보았다. 그들은 모두 건강한 사람들이었으며, 모두들 꿈에 대해 대단한 호기심을 가지고 있었다. 그들은 꿈이 실생활의 고난과도 관계되는 까닭에 꿈의 올바른 해석이 그들의 생활에 도움이 될 수도 있

—

음을 알게 되자 처음에는 매우 당황하였다. 그들은 그들의 꿈에 대해서 정신과 의사의 도움을 그다지 탐탁하게 여기지 않는 듯하였다. 나는 프로이드 계열의 정신분석 훈련을 받기도 하였지만, 그 방법은 매우 독단적인 것이었기 때문에 실생활에 그다지 보탬이 될 수 없다고 생각하게 되었다. 나는 사실상 나의 꿈을 분석해 준 정신과 의사 보다도 나 자신이 나의 꿈을 훨씬 더 잘 해몽할 수 있음을 깨달았다. 그리하여 나는 사리를 올바로 판단할 수 있는 현명한 사람이라면 누구든지 남의 도움을 빌리지 않고도 자기의 꿈을 되살려서 이해하고 해몽하여 자기 자신을 어느 누구보다도 더 잘 알 수 있다는 확신을 갖게 되었다.'

안파라디 여사의 말과 같이 과연 꿈을 통하여 보다 분명하게 자기 자신을 알 수가 있을까? 홀 박사가 주장한 다음 세 가지 점에 유의한다면 그것은 충분히 가능하다는 것을 알 수 있을 것이다.

첫째, 꿈이란 당사자의 잠재의식으로부터 창조된 것이며, 결코 객관적인 사실을 제시하는 것이 아니라는 점이다. 꿈이 보여주는 것은 진실이라기 보다 일종의 사물의 어떤 형태나 사정을 보여주는 것이다.

둘째, 꿈 속에서 체험하게 되는 모든 현상은 꿈을 꾼 당사자의 잠재의식에 그 원인이 있으며, 전에 경험한 것이나 앞으로 다가올 미래의 어떤 상황을 예시한 것이다.

세째, 꿈은 실생활에서 꿈을 꾼 당사자의 마음이 어떠한 상태에 머물러 있는가를 자기에게 알려주는 일종의 캡슐이다. 가령 욕구 불만이나 만족, 염원, 계획, 성공과 실패 등에 관한 자신의 심리 상태를 전달해 주는 암시 과정이 곧 꿈이라는 '무의식의 표출' 현상이다.

4.꿈은 앞으로 다가올 일을 암시

　어느 회사에 근무하고 있는 샐러리맨이 정신과 의사로 일하고 있는 그의 친구를 찾아갔다. 그는 의사에게 말하기를, '꿈에는 미래를 내다보는 천리안(千里眼)이라고도 할 수 있는 굉장한 힘이 있다'고 하면서 자신의 체험담을 들려 주었다.

　그가 근무하는 회사는 규모는 그다지 큰 편이 아니지만 성장률이 높아서 우량 기업으로 알려져 있었다. 기획과장인 그의 훌륭한 기획이 회사를 성장시키는 데 기여하였다고 회사 안팎에서 칭찬을 받고 있었으나 그에게도 남모르는 고민이 있었다. 회사의 기획 부문이 전무이사와 호흡이 맞지 않아 회사 내에서 늘 의견이 대립되어 왔던 것이다. 그는 그 전무와 감정적으로 대립해야 할 하등의 이유가 없었다. 그러나 전무는 그가 회사 안팎에서 좋은 평을 받는 것을 그다지 달갑게 여기지 않고 있었다.

　그러던 어느 날 밤에 그는 다음과 같은 꿈을 꾸었다.

　〈전무와 사장이 회사에서 심하게 논쟁을 벌이고 있었다. 쟁점의 촛점이 되고 있는 것은 기획과장인 그가 기획한 계획서였다. 제약 부문으로 진출하기 위한 계획서였는데, 사장과 전무는 그것을 펼쳐놓고 심하게 다투고 있었다. 사장은 멋진 아이디어이니 채택하여 실행에 옮기자고 하였으나 전무가 이를 완강히 반대하였다. 그러자 사장은 기획에 관한 회의를 열어 기획과장인 그의 설명을 듣고 난 다음 다수의 찬성을 얻게 된다면 그 일을 실행하겠노라고 천명하였다. 그러자 전무는 사장을 보고 큰 소리로 항의를 하고 있었는데, 이쯤에서 장면이 바뀌어 기획과장인 그는 어두운 방에서 전무와 심한 논쟁을 벌이다가 마침내 화가 치밀어오른 나머지 회사를 그만 두겠다고 소리를 질렀다. 그러자 전무는 마치 기다렸다는 듯이 '좋다, 한번 입밖에 낸 일이니 즉시 사표를 써라'고 말하는 것이었다.〉

이상과 같은 꿈을 꾼 그는 친구인 정신과 의사에게 자초지종을 얘기해 주었다. 그는 이 꿈이 너무나 생생하여 왠지 마음에 걸린다고 하였다. 현재 그가 제출하고 있는 기획안이 있었기 때문이었다. 현실에서의 기획 부문은 꿈 속의 제약 부문이 아니라 호텔 부문으로의 진출을 시도하기 위한 프로젝트였다. 그는 그 기획이 이번 회의에 상정되는 것이 아닐까를 예감하고, 만일 이 기획에 대하여 자신감을 가지고 주장한다면 사장이 결단을 내려 실행에 옮기게 될 것이지만, 그 결과 전무와는 점점 사이가 멀어질 것이라고 예견하였다. 아울러 전무가 아무리 큰소리를 치더라도 사표를 내겠다는 말만큼은 결코 입밖에 내지 않아야겠다고 다짐하였다. 그는 이와같은 일들을 꿈 속에서 암시를 받았다고 생각하였기 때문이다. 그는 다시 한번 그가 기획한 프로젝트를 검토하고, 기획 목표를 달성할 수 있는 확률의 데이타를 갖추어 회의에 참석하였다. 그런데 그 결과는 꿈과 너무나도 흡사하였다는 것이다.

이상의 예에서 보는 바와 같이 꿈은 다분히 예시적(豫示的)이며, 앞으로 다가올 일에 대해 암시적인 작용을 한다. 물론 이러한 현상은 꿈 그 자체에 예고 또는 암시가 있는 것이 아니다. 꿈을 꾸는 그 당시까지 자신이 경험한 모든 정보가 뇌 속에 기억되어 자기의 소원에 맞는 형태, 또는 역행하는 형태로 나타날 가능성이 있는 것이다. 이것을 꿈에 관한 전문가들은 '천리안'이라고 부른다.

5.꿈 속의 비밀은 모두 풀 수 있다

옛날 옛적에 세 딸을 둔 아버지가 있었다. 어느 날 이 아버지
되는 사나이는 장에 갈 일이 생겨서 세 딸을 불러 앉혀놓고 다음
과 같이 물었다.

"너희들에게 선물을 사다 줄테니 갖고 싶은 것이 있으면 무엇
이든지 말해 보아라."

그러자 세 딸들이 각각 나름대로의 희망 사항을 말하였다. 큰
딸은 금으로 만든 물레를 사 달라고 했고, 둘째 딸은 은으로 만
든 물레를 주문하였다. 그런데 막내인 세째 딸만은 특별한 것을
부탁하는 것이었다.

"장에서 돌아오시는 길에 아버지 마차 밑을 가로질러 가는 것
을 갖다 주세요."

아버지는 막내 딸의 부탁을 듣고는 곧장 장으로 갔다. 일을 다
본 후에 첫째 딸과 둘째 딸의 선물을 사가지고 집으로 향하였다.
그런데 집으로 오는 도중에 갑자기 한 마리의 뱀이 마차 밑으로
가로질러 갔다. 이를 본 아버지는 그 뱀을 사로잡아 마차에 싣고
는 집으로 돌아왔다. 집에 도착하여 그 뱀을 출입구에 놓아 두었
다.

막내 딸인 메리가 출입구에 나가자 뱀이 말하였다.

"메리양, 내가 현관으로 들어갈 수는 없겠읍니까?"

메리는 그 뱀을 현관 안에 들여놓아 주었다. 메리가 자기 방으
로 들어가려고 하자 뱀이 다시 애원하였다.

"메리양, 나를 당신 방의 출입구까지 데려다 줄 수 없겠읍니까?"
메리는 뱀의 애원을 들어주었다.

메리가 뱀을 그녀의 침실 문 밖에 두고 방안으로 들어가려고 하자 뱀은 또 다시 애원하였다.

"메리양, 나를 당신의 방 안에 들여놓아 줄 수 없겠읍니까?"
뱀의 부탁에 메리가 대답하였다.

"나의 아빠는 어찌하여 당신을 출입구까지 데려 왔을까? 또한 어찌하여 당신은 내 침실로 들어오기를 갈망하나요? 아무튼 그게 소원이라면 방안으로 들어오세요. 하지만 가만히 있어야만 해요."

메리는 이렇게 말한 후 뱀을 침실 안으로 들이고 나서 옷을 갈아입기 시작하였다.

그런데 그녀가 옷을 갈아입은 다음 침대에 들어가려고 하자 뱀이 다시 말하였다.

"메리양, 나를 당신과 한 침대에 잠재워 주시지 않겠읍니까?"
이 말을 들은 메리는 무척 화를 내었다.

"그것은 너무 무리한 부탁이예요. 아버지는 당신을 현관까지 데리고 왔고 나는 당신을 나의 침실까지 들여놓지 않았어요? 그러니 이젠 가만 가만히 있어야 돼요."

그렇게 말한 메리는 잠시 생각한 후에 다시 말하였다.

"이제 그대로 둔다면 당신은 추위에 얼어죽게 될 거예요. 할 수 없으니 내 가까이로 오세요. 내가 당신을 따뜻하게 해 드리겠어요."

메리는 친절한 여자였다. 그녀는 손을 뻗어 차가운 뱀을 그녀의 침대 속에 넣었다. 그 순간 뱀은 젊고 늠름한 왕자로 변신하였다. 왕자는 마법에 걸려 뱀으로 변신되어 있었던 것이다. 마법에서 풀려난 왕자는 곧 친절한 메리와 결혼하였다.

　이상은 독일 동화의 한 토막이다.

　이 동화를 읽고 우리는 어떤 생각을 가질 수 있는가?

　정신분석학자들은 여기에 나오는 뱀은 남성을 상징한다고 주장한다. 그러나 뱀이 남성의 성기만을 의미하지는 않는다는 것이다.

　꿈에 있어서도 해석에 관한 기준이 모호할 때가 있다. 예를 들어 뱀을 남성으로 보느냐, 아니면 남성의 성기로 보느냐의 문제는 사실 매우 난감한 문제이다. 해석되어지는 방법에 따라 꿈해몽은 상이하게 달라질 수도 있기 때문이다. 그러나 한 가지 분명한 것은 제아무리 복잡하고 어려운 꿈이라 할지라도 반드시 꿈해몽법은 있기 마련이다. 다만 자신이 어떻게 판단하느냐에 따라 해몽에 차이가 날 뿐이다. 여기에서 올바른 해몽을 위한 기초 상식이 필요하게 되는 것이다.

6. 꿈 속에서의 성(性)의 상징물

꿈해몽에 관한 지식을 습득하는 한 가지 방편으로써 우선 쉬운 꿈풀이부터 시도해 보는 것이 바람직하다.

어떤 한 사나이가 꿈을 꾸었는데 그 내용인즉 다음과 같았다.

〈그 사나이는 꿈을 꾸었는데 성기가 발기하여 황홀한 기분이 되었다. 더욱 발기하도록 몸부림을 치면서 힘을 썼더니 위장이 강해지는 느낌이 드는 것이었다. 그와 함께 심한 배고픔을 느꼈는데, 웬지 이 배고픔이 그 사나이로 하여금 쾌감을 더욱 느끼게 하였다. 잠시 후에 무엇인가가 녹는 기분을 느꼈고, 그는 완전히 위축되어 버렸다. 위 속은 새털처럼 부드러워지고, 온몸에 힘이 쭉 빠졌다. 그때부터 그 사나이는 혐오감을 느끼게 되었고, 모든 것이 구토증을 가져다 주는 것 같았다. 위장의 뒷쪽에서부터 무엇인가가 뒤집혀지는 것 같았고, 순간적으로 온몸이 움츠러드는 것 같았다. 그 순간 그는 그때까지 깨끗해 보였던 모든 것들이 더러워 보였다. 메슥메슥한 구토증이 몸 전체를 엄습해 왔다. 그는 그의 몸 전체가 싫어지는 기분이었고, 그 자신에게마저도 구토를 하고 싶은 충동감을 느꼈다. 그런 다음에 그는 살아서 꿈틀거리는 게가 나타나는 꿈을 꾸었다. 더럽고 기분나쁜 놈이라는 생각이 엄습해 왔다. 그러는 가운데에서도 무서움이 몰아쳐 왔으므로 그는 게를 손으로 집어 던졌다. 그러자 이번에는 마치 거미같이 생긴 다리가 불결하게 많이 달린 곤충이 달려들었다. 그는 무서워서 온몸이 오그라들었다. 피하고 싶었지만 손발이 움직여지지 않았다.

몸이 굳어진 채로 한 발자국도 움직일 수가 없었다. 그 무섭고 징
그러운 곤충이 그의 몸에 닿기만 하면 공포감과 혐오감이 엄습해
와 견딜 수가 없었다. 그는 이 엄청난 진퇴양난을 딜레마 속에
서 완전히 속수무책이었다. 그는 어머니를 부르며 큰 소리로 외
쳤다. 외치면서 그는 꿈에서 깨어났다〉.

그러한 꿈은 비교적 설명적인 꿈이다. 혈기가 왕성한 젊은 남성
이라면 누구나가 다 경험하는 성적 흥분 상태가 그대로 꿈 속에서
재현된 것이다.

성적 흥분은 처음에는 쾌락의 극치(오르가즘)에 다달음으로써
경험되지만, 나중에는 혐오감이나 구토증과 같은, 결코 가까이 하
고 싶지 않은 지저분한 것으로 바뀐다. 그리고 그것이 결국은 게
나 거미와 같은 지저분하고 무서운 동물이나 곤충 등으로 나타난
다.

성적 쾌락의 극치, 오르가즘은 생리적인 현상으로 볼 때 복부의
근육이 수축되고 하반신이 순간적으로 마비된다. 그러한 상태에
서 극압적인 긴장감이 전신을 엄습한 후 몸과 마음이 나른해지고
피로감을 느끼는 현상으로 나타난다. 꿈 속에서의 게는 오르가즘
을 뜻하며, 거미와 같은 곤충은 물렁물렁하고 터지기 쉬운 몸과
길게 뻗은 다리를 가지고 있으므로 오르가즘이 지나간 후의 나른
한 상태를 상징하고 있음을 쉽게 알 수 있다. 게나 거미와 같은
흉칙스럽게 생긴 생물들이 꿈 속에 나타나는 예가 많은데 이는
성적인 것을 의미한다. 오르가즘과 그 뒤에 오는 쾌락과 나른함
을 상징하고 있는 것이다.

꿈 속에 등장하는 곤충이나 동물 중 뱀은 남성, 또는 남성의
성기를 상징하며, 여성의 꿈에 낙지나 문어 등이 나타나면 이는
강력한 성적 욕망에 대한 바램을 의미한다. 물론 이와 같은 상징
성이 꼭 판에 박은 듯이 일률적이라는 것은 아니다.

7. 여성의 성기와 오르가즘의 상징물

꿈을 꾼 후, 그 꿈을 처음부터 끝까지 회상해 내기란 여간 어려운 일이 아니다. 그것이 하루 이틀 전 쯤의 일이라면 벌써 한 달쯤 전의 일처럼 까마득하게 기억될 것이다. 그리고 만약 한 두 달이 된 기억이라면 특별히 인상적인 꿈이 아닌 이상 그 내용을 회상하기란 그리 쉽지 않을 것이다. 그러한 것으로 미루어 보아 우리는 기억이란 사라져 가는 것, 과거의 일은 잊혀져가는 것이라고 생각한다.

그러나 인간의 체험은 사실 사라지고 소멸되어 가는 것이 아니다. 우리의 체험은 모두 우리의 마음(두뇌 세포) 속에 기록되어 있다. 다만 우리가 그것을 모르고 있을 뿐이다. 예를 들어 어머니의 태내에서 이 세상 밖으로 나온 일을 생생히 기억하고 있는 사람은 아마 없을 것이다. 그러나 우리의 마음은 이것을 분명히 기록하고 있다. 그것은 바로 밤에 잠을 자면서 꾸게 되는 꿈의 세계에 모습을 드러내는 것으로서도 그 증거를 삼을 수가 있다.

전문가들의 의견에 따르면, 질식하는 꿈은 주로 난산으로 태어난 사람에게 많다는 것이다. 그 가장 큰 이유 중의 하나는 태어날 때의 괴로웠던 체험이 꿈 속에서 재현된다는 것이다. 좁고 긴 동굴 속에 갇혀서 꼼짝할 수 없는 상황의 전개, 아무리 발버둥쳐도 동굴 밖으로 빠져 나올 수 없는 진퇴양난의 꿈은 태어날 때 어머니의 질을 통과하는 난산의 괴로운 기록이라고 한다. 프로이

드를 비롯한 많은 전문가들은 좁은 동굴이나 지름길을 여성의 성기에 대한 상징물로 간주한다. 그 꿈이 악몽일수록 여성의 성기에 대한 상징성이 강해지며, 평범한 상태의 꿈에 나타날 경우에는 여성에 대한 성교의 욕망을 상징할 수도 있다.

깊은 동굴 속에 갇혀 허우적대는 꿈 뿐만 아니라 공포와 고통을 경험하는 꿈도 더러 있다. 말하자면, 〈괴이한, 처음보는 동물이 나타났다. 꿈 속에서도 그 동물을 보는 것은 몹시 무섭고 혐오스러웠다.〉〈으슥한 골목길에서 강도에게 쫓기었다. 너무나 겁이 나서 발걸음이 떼어지지 않았다. 입을 열어 큰 소리로 비명을 질렀으나 모기 소리만한 음성도 나오지 않았다〉는 등등의 꿈을 꾼 경험은 많을 것이다.

이와같은 꿈은 쫓기는 입장이 된 자기의 상황과 연관지어서 해몽을 하는 것이 바람직하다. 현실적으로 업무에 눈코 뜰 새 없이 바쁘다거나 수험 공부 등으로 시간에 쫓기는 자기 자신을 꿈 속에서 만나게 된 것이다. 여기에서 현실적인 상황이라고 하는 것은 주로 현재의 입장도 되고, 또는 과거의 기억도 될 수 있지만, 주로 미래의 상황이 더 많다는 것이 전문가의 견해이다.

특히 공포에 대한 체험은 변태적인 성적 쾌감에서 비롯되는 경우가 많다고 한다. 여성의 경우, 쫓기면서도 도망갈 수 없다는 것은 누군가에게, 특히 남성에게 정복당하고 싶은 내재적인 감정이 꿈을 통하여 표출된다는 것이다. 이러한 꿈은 주로 사춘기의 청소년이나 권태기를 지나 성숙기에 이르는 중년 부인들에게 많이 나타난다고 한다.

예를 들어, 어린이 대공원이나 유원지에 있는 청룡열차, 또는 공중회전 비행기 등은 심한 쇼크 때문에 심장마비를 일으켜 사람을 죽음의 문으로 인도하는 수도 있으나 그 완벽에 가까운 드릴이나 공포를 돈으로 사는 것도 실은 인간의 내부에 자리잡고 있는 변태적인 성적 감정에 이끌리기 때문이다. 특히 젊은 층의 여성이 이와같은 놀이를 좋아하는 것은 바로 그러한 변태성적인 이유 때문이라고 전문가들은 말한다. 꿈 속에서 쫓기면서도 도망갈 수 없기 때문에 공포 앞에 심신이 무너지고 만다. 그것은 바로 성적인 쾌락의 극치가 주는 황홀감과도 같은 성질의 것이라할 수 있는 것이다.

8. 떨어지는 꿈과 도망가는 꿈

꿈해몽을 올바로 하기 위해서는 우선 기본적인 꿈해몽 상식을 갖추는 것이 바람직하다. 앞에서는 주로 성적(性的)인 측면에서 기본적이고도 기초적인 꿈해몽 상식을 설명하였다. 이번에는 주로 인상깊은 몇 가지의 기본적인 꿈에 관해 살펴보고, 그 꿈이 상징하는 바가 무엇인지를 알아보기로 한다.

흔히 우리가 체험하는 꿈으로서는 무엇보다도 '떨어지는 꿈'을 들 수 있다.

심한 낭떠러지나 고층 빌딩의 옥상, 또는 다리 등에서 아래로 한없이 떨어져 내려가는 꿈을 체험한 기억은 누구에게나 있을 것이다. 여기서 '떨어지는 꿈'이 상징하고 있는 것은 '불안감'이나 '무력감'으로부터 벗어나고자 하는 '소망'이다. 무엇인가 중요한 것을 잃어버리지나 않을까 하는 불안이라든지, 제아무리 정성을 쏟고 노력해 보아도 아무런 보상을 받을 수 없다는 무력감 같은 것이 꿈을 통하여 나타나는 것이다. 사랑하는 사람과 헤어지고 싶지 않다거나 명성이나 재산을 잃고 싶지 않다는 바램, 아무리 열심히 작품을 써도 고작해야 원고료도 못받는 동인지 정도에나 게재될 뿐 아무도 알아주지 않는다는데 대한 실망감, 같이 입사한 동기생들은 자꾸만 승진을 거듭하고 있는데 자기만 뒤쳐져서 늘상 같은 자리만 되지키고 앉아 있는 초라한 처지에 대한 초조감 등이 꿈을 통하여 '떨어지는' 현상으로 대두되는 것이다. 젊은 여자의 경우에는 '처녀성을 상실한데 대한 긴장감과 아쉬

움' 이 '떨어지는' 현상으로 꿈 속에 나타난다고도 한다. 만약에 아직 처녀성을 잃지 않은 사춘기의 여성이 떨어지는 꿈을 꾸게 된다면, 그것은 언젠가 잃어버리게 될 처녀성에 대한 불안감이나, 가까운 시일 내에 누군가에게 처녀성을 빼앗길 것을 예시해 주는 꿈이라는 것이다. 이 경우 물론 떨어지는 꿈이라고 하여 모두가 다 그러한 결과를 상징하지는 않는다. 주위의 여건과 상황에 따라서 꿈해몽의 방향은 수시로 달라지게 된다. 다만 '떨어진다' 는 것이 '썩 바람직하지 못한', 그리고 결코 좋지 않은 현실의 상태를 암시해 주고 있다는 것 만큼은 변함이 없는 기본적인 상징성인 것이다.

떨어지는 꿈과 버금가는 꿈이 '도망가는 꿈' 이다. 앞에서도 '쫓기는 꿈' 에 대해 언급하면서 '성적인 욕망' 을 상징한다고 설명하였지만, 그것은 어디까지나 기본적인 상징성일 뿐 모든 꿈이 그 범주 안에 속한다는 것은 아니다. 꿈이 전개되는 상황과 장소 등에 따라 꿈해몽도 그 방향과 현실성에 차이를 가져온다. '도망가는 꿈' 은 주로 어린 시절에 많이 꾼다. 부모나 형제, 또는 선생님으로부터 금지당하고 있는 것으로부터 탈출, 하지 못하게 하는 일을 몰래 하고 싶다는 욕망을 나타내주는 꿈이라고 생각할 수가 있다. 그러나 어른의 경우에는 약간 다르다. 자기 자신의 욕망이나 욕정, 또는 형편상 충격을 받아 어쩔 수 없이 도망가는 행위를 연출하게 된다. 그것은 한 마디로 자신의 욕정대로, 또는 욕망대로 행동하고 싶은 잠재의지를 나타내는 것이다. 이 경우, 도망하는 것은 완전히 이탈된다는 뜻이 아니라 오히려 공포로 뒤바뀐 성적인 쾌감의 극치 속에 그대로 푹 빠지고 싶다는 잠재적인 성적 충동과 욕망이 꿈을 통해 나타난 것이라고 보아진다. 아무리 도망가고 싶어도 마음대로 달릴 수 없는 초조감, 소리를 질러 주위에 알리고 싶으나 목소리가 나오지 않는 기막힌 공포 속

에서 발이 땅에 붙은 채 꼼짝도 않는 현상은 잠재의식 속에 숨겨
져 있는 자학적인 쾌감을 현실화시켜 보고 싶은 욕망에의 표출이
다.

9. 날아다니는 꿈과 달리는 꿈

　떨어지는 꿈과 도망가는 꿈 외에도 자주 꿈 속에 나타나는 현상은 '날아다니는 꿈'과 '달리는 꿈'이다.

　끝없는 공간을 한 마리의 새처럼 훨훨 날아다닌다든지, 전광석화처럼 빠른 발걸음으로 드넓은 초원을 달리는 꿈은 우리의 기억 속에서도 그다지 나쁘지 않은 기분으로 존재한다.

　날아다니는 꿈이 상징하는 것은 바로 억압으로부터의 도피를 희망하는 '자유'에의 소망이다. 특히 성적으로 자유스러워지고 싶은 남녀의 꿈에 이러한 현상이 두드러지게 나타난다. 오늘날에는 옛날에 비해 성(性)이 많이 개방되었다고는 하지만, 여성의 경우에는 아직도 좋아하는 남성에게 함부로 자기 속마음을 털어놓고 알린다는 것은 어려운 일이다. 거기에는 커다란 용기가 필요하다. 남성의 경우에도 역시 좋아하는 여성이라고 해서 자기 마음대로 어떻게든 되어지는 것이 아니다. 이러한 심적 고통과 욕망이 꿈을 통해 표출될 때 우리는 날아다니는 꿈을 꾸게 된다. 그렇다고 해서 날아다니는 꿈이 모두 이성과의 성적 욕망만을 상징하지는 않는다. 속담에 '못 올라갈 나무는 쳐다보지도 말라'고 하였다. 그러나 인간의 심리는, 못 올라갈 나무일망정 한 번쯤은 올라가보고 싶은 것이다. 그러한 본질적이고도 잠재적인 욕망이 날아다니는 꿈을 꾸게 하는 장본인이 된다. 가령 어떤, 현실적으로는 불가능한 지위에 오르기를 갈망한다거나, 자신의 능력으로서는 손에 넣지 못할 진귀한 보물이나 재산을 갖고 싶어하는 욕망이 잠재할 때에도 날아다니는 꿈을 꾸게 된다. 남과는 다른 특출한 사람이 되어보고 싶은 소망과, 진실로 사랑하며 사귀고 싶은 상대와 섹스를 즐기고 싶은 마음은 인간이면 누구나 다 가지고 있는 공통된 심정일 것이다. 마음 내키는 대로, 아무에게도 구속받지 않고 자유자재로 사랑에 빠지며, 원하는 것을 얻고 싶어하는 욕망은 인간으로 하여금 날아다니는 꿈의 세계를 경험하게 하는 것이다.

그러나 날아다니는 꿈 가운데서도 주위 상황으로 보아 단순한 욕망에의 표출을 넘어선 예시적(豫示的)인 것으로 해몽하지 않으면 안되는 경우가 있다. 가령 남의 집에서 담을 뛰어 넘어 날아왔다든지, 어떤 정해진 영역을 날아서 건너갔다든지 하는 꿈일 경우에는 그 해몽이 각각 달라질 수밖에 없는 것이다. 만약 남의 집에서 담을 뛰어 넘어 날아오는 꿈을 꾸었다면, 현실적으로는 독립할 것을 예시하는 꿈으로 해몽할 수 있을 것이다. 또 어떤 정해진 구간을 날아서 건너간 경우에는, 어떤 이루기 어려운 목표 달성을 현실적으로 성공시키는 것을 예시해 주는 꿈으로 풀이할 수도 있을 것이다.

날아가는 꿈외에 달리는 꿈도 곧잘 체험하는 꿈 중의 하나이다. 달린다는 것은 한 마디로 경쾌함과 율동적인 맛을 함께 준다. 이런 경우는 현실적으로 댄스를 하게 된다든지 승마를 할 수 있는 기회가 주어질 수 있다는 것을 예시해 주는 꿈으로 볼 수 있다. 그러나 물론 이 경우에도 어디까지나 꿈의 전체적인 흐름과 상황에 따라 그 해몽하는 방향도 달라져야 한다. 성적(性的)인 측면에서 볼 때는, 달리는 꿈의 상징은 적극적이고도 열렬한 성행위에 대한 욕망이라고 할 수 있겠지만, 현실적인 상황을 감안하여 생각한다면 결코 그 분야에만 한정시켜 해석할 수만은 없는 것이다. 성적인 흥분은 일종의 왕성한 기력을 나타내는 것이므로 현

실에서도 의욕적이고 충실한 삶을 연상할 수가 있다. 가령 사업
가의 경우 진취적인 방향으로의 사업 확장이나, 애인 관계에 있
던 사이가 약혼이나 결혼으로 치닫는 결과를 가져온다든지 하는
적극적인 현실로 변모될 수 있는 가능을 예시해 주는 꿈으로 풀
이할 수도 있는 것이다.

그렇다고 해서 '날아다니는' 꿈과 '달리는' 꿈이 모두 다 현실
적으로 길조를 예시해 주는 꿈이라는 것은 아니다. 꿈 속에서의
상징물이 현실 속에서 제아무리 길조를 가진 표상물이라 하더라
도 꿈 속의 상황에 따라서 길흉(吉凶)이 갈라지게 되는 것이다.

예컨대 꿈은 그 상황에 따른 적절한 해석과 판단에 의해서만이
올바른 해몽이 가능해지는 것이다.

10. 고뇌와 갈등을 예시하는 상징물

까닭없이 아는 사람이나 친지, 혹은 친구들이 많이 모여서 화
투놀이를 하거나 논쟁을 빌이는 꿈을 꿀 때가 있다. 어떤 때는 이
미 죽은 지 오래된 친구나 친지들이 모임 장소에 나타나기도 한
다. 이러한 꿈은 과거와 현재라는 시간의 관념을 초월하여 재현
되는 압축 현상이다. 그렇다면 꿈 속에서 많은 사람들이 한자리
에 모이는 것은 현실적으로 무엇을 상징하는 것일까?

물론 사람의 모임에는 여러가지 유형이 있겠지만, 그 표상에도
여러가지의 상징물이 있다.

여러 사람이 모여 회의를 진행할 경우에는 마음의 '번뇌'가 그
표상의 상징이 되며, 현실적으로도 갈등에 휩싸이는 일이 일어날
징조가 있는 것이다. 말하자면, 샐러리맨일 경우, 회사에 대한 불
만이나 기타의 일로 인하여 사표를 내고 싶다든지, 오랫동안 사
귀어 오던 이성간의 친구와 헤어지고 싶어지는 갈등을 맞이하게
된다든지 하는 고민 속에 빠질 가능성이 많아진다. 꿈 속에서의
논쟁 상대는 꿈을 꾸고 있는 자신의 분신으로 볼 수가 있다. 자기
자신과 또 다른 자기 자신이 다투고 있는 상황을 표출시킨 것이다.
꿈 속에서 자기가 주장하고 있는 의견은 일종의 잠재의식이며, 이
의견을 자기의 마음은 사실상 반대하고 있다. 따라서 마음과 잠
재의식과의 갈등이 심화됨으로써 꿈의 세계를 통해 표출된 것이다.

고뇌와 갈등 중에는 성적(性的)인 고민도 많은 비중을 차지한
다. 꿈 속에서는 무엇을 논쟁하고 있는지 그 내용을 파악할 수는

없지만, 논쟁 중에 흥분하는 상태가 빚어지면 이는 현실에서의 성적인 충동이나 흥분으로 해석할 수 있다. 특히 젊은 남녀에게 있어서는 강한 성적 욕망에 사로잡힌 나머지, 갈등하는 고민이 꿈을 통해 반사되는 경우가 많다. 꿈 속에서, 남은 조용하고 침착하게 이야기를 하는데 자기 혼자만 흥분하여 소리치는 경우는 특히 성적(性的)인 상징성이 강하다.

꿈 속의 회의 광경도 다양하다. 어떤 경우에는 어두컴컴한 곳에 사람들이 모여서 논쟁을 벌이고 있다. 자세히 살펴보니 촛불 또는 전등불 밑에 사람들이 옹기종기 모여 있다. 이러한 경우에 촛불이나 전등불은 당사자의 이지적(理智的)인 마음의 상태를 나타낸 것이다. 촛불의 빛은 어둠과 싸우면서 심지를 태운다. 따라서 현실적으로 볼 때에도 이성(理性)과 야성(野性)이 서로 갈등하는 상태를 상징하는 꿈이라 할 수 있다.

회의 진행이 아니라 하더라도, 우리는 남과 이야기하는 꿈을 종종 꾼다. 말하자면 의견 교환 내지는 대화를 하는 꿈이다. 이러한 경우에는 단순히 꿈을 꾼 자신의 생각이 꿈속에 표출되었다고 보아도 과언이 아니다. 꿈 속에서의 상대방과의 대화는 바로 자기 자신의 생각의 범위를 뜻한다.

상대방과의 의견이 맞지 않아 심하게 다투는 것은 현실적으로 자기 자신이 갈피를 잡지 못하고 있는 것이다.

사람이 많이 모이는 꿈이라고 해서 모두가 다 자기 자신의 고뇌와 갈등만을 상징한다고 단정할 수는 없다. 가령, 회의 중의 상대방이 현실에서의 실제 인물일 경우에는 현실적으로 꿈 속에서와 같은 상황이 머지않아 다가올 것을 예시하는 것이다. 그러므로 어떤 기본적인 한 가지의 상징물에도 그 상황에 따라 여러 가지의 다른 해몽이 주어질 수가 있는 것이다.

많은 사람이 모이는 꿈 중에 흔히 체험하는 또 하나의 형태는 어린 시절에 알고 있었던 사람의 출현이다. 여러 사람의 모임 장소가 마치 동창회를 하는 곳 같기도 하고, 생일 파티장 같기도 한 꿈을 꿀 때가 있다. 이때 등장하는 인물은 주로 어린시절의 동무라든지, 친절한 이웃집 아저씨, 몹시 귀여워해 주시던 이웃 아주머니 같은 사람들이다. 이러한 꿈을 꾸는 이유는 바로 어린 시절에 대한 깊은 향수 때문이다. 행복했던 어린 시절로 돌아가고 싶은 욕망이 꿈 속으로 그와같은 상징물을 불러들인 것이다. 이 꿈도 역시 현실적인 불만에서 비롯된 속박감과 갈등감이 그 근본적인 바탕이 되고 있다.

11. 꿈 속에서의 죽음의 수수께끼

한 사나이가 꿈을 꾸었다.

〈사랑하는 애인과 손을 마주잡고 비교적 인적이 드문 산골짜기의 오솔길을 즐겁게 거닐고 있었다. 그때 갑자기 그들 앞에서 땅이 갈라지기 시작하였다. 땅의 균열은 점점 커져서 급기야는 그들 두 남녀마저 삼키려 하였다. 그는 놀란 나머지 애인의 손을 붙잡고 그 갈라진 땅을 뛰어넘으려고 하였다. 그녀는 겁에 질려 바둥거렸다. 그 결과 그는 그녀의 손을 놓치게 되었다. 그 순간 그녀는 갈라진 땅의 낭떠러지 속으로 빨려들어 가듯이 떨어졌다. 이윽고 낭떠러지 속으로 바윗돌이 우박처럼 쏟아져 내려 그녀를 덮어 버렸다. 둘레의 흙무더기도 함께 무너지기 시작하였다. 그 사나이는 산중턱에서 굴러내려오는 바윗돌에 치이지나 않을까 하고 온몸이 얼음처럼 굳어졌다. 간담이 서늘한 가운데 그는 잠에서 깨어났다.〉

미국에서 살고 있는 그 사나이는 2년 전에 사귀게 된 애인과 행복하게 지내왔다. 그런데 어느날 갑자기 애인이 임신한 사실을 그에게 알려왔다. 그는 곧 낙태시킬 것을 종용했다. 그러나 그녀는 결혼하여 아이를 낳겠다고 한사코 낙태 수술을 거부했다.

이 사나이의 꿈과, 또한 현재 처해 있는 현실을 연관시켜 볼 때 이 꿈에 대한 해몽은 그리 어렵지 않다.

이 사나이의 입장에서 생각할 때, 임신이라는 귀찮은 일이 자기 자신을 둘러싸고 있는 현실에 갑자기 변화를 몰고 온데 대한 당혹감과, 지금까지 안정되어 왔던 주위의 세계가 불시에 와르르 무너져 내리는 것을 느꼈을 것이다. 실망을 느낀 그는 자기나 애인이나 모두 살아갈 수 없다고 단정한 나머지 삶을 포기하는 엄청난 결정을 하려고까지 마음 먹고 있었던 것이다. 이러한 그의 심리 상태가 꿈 속에서 땅의 함몰로 두 사람의 사이를 떼어 놓게 만들었던 것이다. 그는 내심으로 낙태에 동의하지 않는 그의 애인을 없애 버리고 싶은 충동을 느끼고 있었다. 그와같은 잠재의식이 이성(理性)의 힘과 싸우다가 갈등한 나머지 꿈 속으로 끌어들여 벼랑에서 밀어뜨리는 상징성을 보여준 것이다. 만약에 그가 이와같은 꿈을 꾼 후에 그 예시적(豫示的)이고도 상징적인 의미를 올바로 파악하지 못한다면 꿈 속에서의 일이 현실로 나타날 수도 있을 것이다. 그러나 올바른 해몽의 판단으로 자기 자신의 주변을 정리하고 이성적인 사고(思考)로 자신의 위치를 점검한다면 머지않아 다가올지도 모르는 액화(厄禍)를 미연에 방지할 수도 있을 것이며, 아울러 현명하게 대처함으로써 현실에 충실한 생활인이 될 수 있을 것이다.

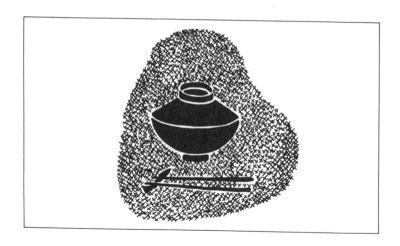

12. 초보자도 꿈해몽을 잘할 수 있는가

지금까지는 꿈해몽에 필요한 기초 상식 부문에 대해 설명하였다. 사실 꿈에 관한 이야기는 너무나 방대하기 때문에 앞에서는 가장 기본적인 근간이 되는 몇 가지 문제만을 언급하여 다루었다.

꿈이란 인간이 체험하는 것 중 가장 신비한 분야에 속한다. 따라서 의문스러운 점도 많고 불가사의한 것도 많다. 그러나 한편으로는 논리 정연하고, 비과학적인 것 같으면서도 의외로 과학적인 일면도 지니고 있는 것이 꿈의 세계이다.

꿈에 있어서 그 신비성을 더해 주고, 또한 가장 이해하기 힘든 특징은 시공(時空)을 초월한다는 점이다. 과거와 현재와 미래, 그리고 3차원의 세계를 벗어난 4차원의 세계에까지 꿈의 영역은 확대된다. 과거와 현재와 미래가 동시에 일체감을 가지고 나타난다. 참으로 신비하고 오묘한 현상이 아닐 수 없다.

만약에 꿈에 대한 모든 해답을 다 풀 수 있다면, 그것은 곧 인간의 내부에 존재하는 이지적(理智的)인 마음과 잠재 의식의 상태를 동시에 꿰뚫어 파악할 수 있게 될 것이다.

그러나 꿈에 대한 모든 대답을 완벽하게 구하기를 기대한다는 것은 한 마디로 어리석은 바램이 될 뿐이다. 꿈의 세계는 삶과 죽음을 초월하고, 시공을 초월하는 불가사의를 간직하고 있기 때문이다.

다만 꿈을 통하여 그 예시적인 성질을 올바로 파악하고 그것을 현실에서 유용하게 이용할 수 있도록 노력한다면 그것이 바로 가장 바람직한 방법이 될 것이다.

꿈을 실생활에서 유용하게 이용하는 유일한 방법은 다름 아닌 '올바른 해몽' 이다. 현실에 처해 있는 주위 상황을 감안하여 올바로 판단하는 꿈의 해몽이야말로 우리의 삶에 지대한 영향을 준다.

그렇다면 꿈해몽은 어떻게 하는 것이 가장 바람직한가? 또한 꿈에 관한 전문지식을 갖추고 있지 않는 초보자도 꿈해몽을 잘할 수가 있는가?

사실 꿈해몽은 쉬운 듯하면서도 어렵다. 운명을 진단하는 일종의 역학(易學) 이라는 측면에서 연구되어져야 할 분야이기 때문이다. 그렇다고 해서 초보자가 꿈해몽을 할 수 없다는 뜻은 아니다. 꿈에 관한 전문 지식이 없는 초보자라 하더라도 앞에 언급한 몇 가지의 기본 사항을 이해한 후에 이 책의 '제2장'의 '꿈해몽의 실제'를 세밀히 탐구한다면 누구든지 꿈해몽의 전문가가 될 수 있을 것이다.

제 2 장
꿈 해몽의 실제

1. 만남과 이별에 관한 꿈

♣ 자기가 동창회에 참석하는 꿈
♧ 풀이 : 현실적으로 번민하거나 갈등 속에 휘말릴 일이 생길 징조이다. 때로는 구설수에 휘말릴 수도 있다. 이러한 꿈을 꾸면, 특히 대인관계에 주의해야 한다. 자기의 주장을 관철시키려는 노력보다는 한 걸음 물러서서 양보하는 미덕을 보이는 것이 재난을 면하는 가장 바람직한 방법이다.

♣ 신이 나타나 자기에게 운세를 판단하여 주는 꿈
♧ 풀이 : 꿈에 신(神)과 접촉하는 꿈은 길조이다. 자기의 운명을 감정해 주는 신(神)을 만난 꿈이라면 이는 길몽이다. 현실적으로 계획한 일들이 차질없이 이루어지며 큰 성과를 올릴 수 있게 된다.

♣ 사랑하는 사람과 데이트를 하는 꿈
♧ 풀이 : 현실에서의 성적(性的)인 측면을 상징해주는 꿈이다. 그다지 정열적인 사랑이 이루어지지 않는다. 마음 속으로는 건전한 사랑을 나누고 싶어하면서도 겉으로는 무관심한 표정이 드러난다. 이 때문에 서로의 애정을 불신하는 계기가 주어지게 된다.

♣ 자기가 안경을 쓴 다른 사람을 만나는 꿈
♧ 풀이 : 남을 믿지 못할 일이 생기거나 사기를 당하게 된다. 이런 꿈을 꾸었을 때는 특히 대인 관계에 주의해야 한다.

♣ 다른 사람이 자기에게 윙크를 하는 꿈

♧ 풀이 : 현실적으로는 자기가 다른 사람을 프로포즈하게 된다. 꿈 속에서 다른 사람이 자기에게 윙크를 해왔을 때 만약 자기가 싸인을 보냈다면 현실에서도 다른 사람과의 결합이 이루어지게 되지만, 꿈 속에서 자기가 다른 사람의 윙크에 싸인을 보내지 않았다면, 현실에서의 자기의 프로포즈에 상대가 응하지 않는다.

♣ 자기가 다른 사람을 심문하는 꿈

♧ 풀이 : 현실에서는 꿈과 반대의 현상이 나타나게 된다. 자기가 다른 사람에게 비난을 받거나 심문을 당하게 된다. 따라서 이 꿈은 흉몽이라고 할 수 있다.

♣ 부처님을 보거나, 절에서 부처의 상(像)을 보는 꿈

♧ 풀이 : 태몽이다. 귀한 아들을 낳게 된다. 만약 노부인이 이러한 꿈을 꾸면 그 자손이 출세하게 된다.

♣ 신선이 자기를 부르는 꿈

♧ 풀이 : 고생이 끝나고 행운이 열리는 운세를 예시해 주는 꿈이다. 앞으로는 좋은 일이 겹치게 된다. 대길몽이다.

♣ 자기가 절에 가서 불당에 절을 하고 비는 꿈

♧ 풀이 : 복이 굴러들어 올 꿈이다. 고난이 가시고 새로운 활기가 흐르게 된다. 마음 속으로 염원하는 일이 뜻밖에도 성사되는 길몽이다.

♣ 성인(聖人)이 자기 집으로 들어오는 꿈

♧ 풀이 : 모든 일이 잘 풀리고, 자기가 부귀를 얻어 출세하게 된다. 사업가는 일약 재벌이 되며, 관계에 진출하면 재상이 될 꿈이다.

♣ 자기가 부처님과 함께 이야기를 주고 받는 꿈

♧ 풀이 : 주위 사람들의 도움을 얻어 출세하게 된다. 어려운 일이 일어날 때마다 뜻밖의 협력자가 자기를 도와 주고 격려해준다. 길몽 중의 길몽이다.

♣ 상대방이 둘로 보이는 꿈

♧ 풀이 : 상대방에게 배신당할 징조이다. 만약 친구가 둘로 보이면 자기에게 두 가지 마음으로 상대하고 있는 것이며, 남편이 둘로 보이면 이중 살림을 계획하고 있다. 또한 아내가 둘로 보이면 숨겨놓은 애인이 있다는 것을 예시하는 꿈이다.

♣ 자기가 다방에 들어가는 꿈

♧ 풀이 : 남에게 신뢰받는 사람이 된다. 만약 다방에서 귀한분과 함께 차를 마시는 꿈이라면 이는 아주 길조이다. 매사가 순조롭게 진행이 된다.

♣ 자기가 물 위를 달리는 꿈

♧ 풀이 : 하는 일마다 순조롭게 진행이 된다. 운수가 대통하는 길몽이다.

♣ 자기가 외국어로 다른 사람과 유창하게 대화하는 꿈

♧ 풀이 : 자기의 육체가 갑자기 성숙해지고 있음을 상징하는 꿈이다. 특히 성감대가 발달하고 있다는 것을 예시해주는 꿈이다. 여성의 경우에는 젖가슴이 갑자기 부풀어 오르고, 엉덩이의 곡선이 우아해지고, 둔부에는 털이 솟아난다. 남성의 경우에는 성기의 귀두가 벗겨져서 발기하는 상태가 강해지며, 성기에 털이 나고, 허리 근육이 특히 발달되고, 가슴이 넓어지는 등 남성적인 체력이 강화된다. 육체적인 성숙과 함께 정신적으로도 이성(異性)

에 눈을 뜨게 되며, 섹스에 관한 상식이 증가한다. 이러한 꿈은
길몽과 흉몽을 가름할 성질이 아닌, 단순한 현상의 예시에 불과
한 꿈으로 보는 것이 타당하다.

♣ 운전 기사와 이야기를 나누는 꿈

♧ 풀이 : 현실에서 어떤 일에 도움을 줄 수 있는 협력자를 만
나게 된다. 만약 기사와 말다툼을 벌이는 꿈이라면 현실에서의
협력자는 나중에 오히려 귀찮은 존재로 변신한다.

♣ 외국인과 대화를 하는데 외국인이 하는 말을 전혀 알아 들을 수 없는 꿈

♧ 풀이 : 현실적으로 답답한 국면에 이르게 된다. 자기 자신이
하고 있는 일이 실패로 끝나거나 남에게 속임을 당하게 된다. 흉
몽쪽에 가까운 꿈이다.

♣ 배우자와 이혼을 하는 꿈

♧ 풀이 : 현실에서는 그 반대를 상징한다. 결혼에 대한 애착을
갖게 됨을 예시하는 꿈이다.

♣ 자기가 입학식에 참석하는 꿈

♧ 풀이 : 좋은 일이 일어날 징조이다. 사업이 번창하며 집안
이 윤택해진다. 미혼 남녀는 훌륭한 배우자를 만나 멋진 새출발
을 시도하게 된다. 길몽임이 틀림없다.

♣ 자기가 졸업식에 참석하는 꿈

♧ 풀이 : 이 꿈은 불길하다. 좋은 일이 막을 내리는 운세를 예
시하는 꿈이다.

♣ 귀인이 초대를 받는 꿈

♧ 풀이 : 길몽이다. 계획한 일이 성취 되어서 이름을 날리거나 타인의 도움에 의해 큰 일을 무사히 끝마치게 된다.

♣ 만나고 싶은 사람을 만나지 못하는 꿈
♧ 풀이 : 연인과 다투는 일이 있거나 다투는 일이 많아지게 된다. 모든 일이 뜻대로 되지 않는다.

♣ 자기가 귀인과 함께 식사를 하는 꿈
♧ 풀이 : 평소에 간절히 원하고 있던 일을 성취할 기회가 주어지거나 계획한 일이 순조롭게 진행될 꿈이다. 길몽이다.

♣ 자기에게 손님이 찾아온 꿈
♧ 풀이 : 잔치를 벌여야 할 일이 생기거나 잔치 집에 초대를 받는 일이 생긴다. 이 꿈 역시 길몽이다.

♣ 자기가 얄미운 사람과 만나는 꿈
♧ 풀이 : 건강이 나빠지고 질병을 얻거나 가까운 사람과 이별하는 일이 생기게 된다. 흉몽이다.

♣ 자기가 거적을 깔고 손님들과 의논하고 있는 꿈
♧ 풀이 : 집안에 좋지 않은 일이 일어날 암시를 주는 꿈으로유산이나 재산 상속에 대해 말썽이 일어나거나 불화가 있다.

♣ 귀한 사람이 자기를 찾아오는 꿈
♧ 풀이 : 새로운 세계를 맞아들일 암시를 주는 꿈으로 머지 않아 계획한 일이 주위 사람을 설득시키고 성공을 하게 되어 출세를 하게 된다. 또한 경사스러운 일이 생겨서 많은 사람을 초대할 징조이다.

♣ 자기가 이사를 가는 꿈
♧ 풀이 : 어린이의 경우에는 새로운 곳에 대한 불안을 나타낸다. 그러나 어른의 경우에는 현재의 생활을 벗어 던지고 싶다든가 자신의 과거를 잊고 싶은 괴로운 상태를 의미하고 있다. 현생활과는 다른 곳에서 생활을 하게 될 징조이다. 이런 꿈을 꾼 남자는 특히 여자를 조심해야 한다. 이 꿈이 주는 암시성은 그다지 기분좋은 편이 못된다.

♣ 다른 사람이 자기에게 인사를 하는 꿈
♧ 풀이 : 꿈 속에서는 상대방이 자신에게 인사하고 있는 것이 대부분이다. 이것은 자신이 다른 사람을 지휘하고 싶다든가 더높

은 위치에 서고 싶다는 잠재의식의 표출로 볼 수가 있다.

♣ 자기가 달을 보고 절을 하는 꿈

♧풀이 : 모든 일이 순조롭게 진행되고 좋은 일이 생긴다. 향을 피우고 사당에 절을 하는 꿈은 운수가 좋고 훌륭한 사람을 많이 만나게 된다.

♣자기가 귀인을 만나거나 절을 하는 꿈

♧풀이 : 원하던 일이 이루어지고, 계획한 일이 뜻대로 진행되며 자신을 도와줄 사람을 만나게 된다.

♣자기가 유명한 사람과 함께 걷는 꿈

♧풀이 : 자신이 여러 사람들의 시선을 끌고 싶다든지 자신에게 관심을 가져주길 바라게 된다. 그리고 이러한 바램은 현실적으로도 가능해진다.

♣고향에 계신 부모나 돌아가신 부모가 나타나는 꿈

♧풀이 : 질병을 얻거나 구설수가 있으며, 남과 다투는 일이 있다. 또한 일이 잘 되지 않는다. 그러나 부모 중에 한 사람이 나타나면 재수가 있다.

♣집안 식구가 한 자리에 모여 연회를 베푸는 꿈

♧풀이 : 먼 곳의 친구나 연인에게서 소식이 오거나 모든 일이 수월하게 풀어진다.

♣자기가 부인과 함께 앉아 있는 꿈

♧풀이 : 길몽이다. 모든 일이 순조롭게 진행된다. 그러나 부인과 함께 걷는 꿈은 재물을 잃거나 건강이 나빠질 징조이다.

♣가족이 한 방에 모여 있는 꿈

♣풀이 : 집안에 불화가 있으며 다투는 일이 생긴다. 또한 자기 자신이 싫어지거나 불쾌한 일이 일어날 수도 있다.

♣귀인의 초대로 안내를 받는 꿈

♣풀이 : 길몽이다. 어려운 일에 부딪쳤을 때 뜻하지 않은 사람의 도움으로 그 일을 무사히 끝내거나 아니면 어려운 일 없이 순조롭게 진행한다는 암시를 주는 꿈이기도 하다.

♣자기가 다른 사람과 악수를 하는 꿈

♣풀이 : 악수를 하는 상대의 손이 차가우면 자신은 친구나 주위 사람들로부터 냉대를 받지는 않을까 하는 걱정을 하고 있다는 것을 뜻한다.

♣행동이 올바르지 못한 사람을 보는 꿈

♣풀이 : 자신이 좋지 않은 생각을 가지고 있거나 나쁜 습관이 있다는 것을 뜻한다. 따라서 경찰관이 나타나는 것은 이러한 것에 대해 고민을 하고 있다는 것을 뜻한다. 경찰관이 나타나지 않으면 자신의 양심이 지고 있는 것이다. 이와 반대로 나쁜 사람이 경찰에 붙들려 있는 꿈은 자신의 성격이 무척 완고하다는 것을 나타낸다.

♣자기가 나쁜 사람과 대화를 나누는 꿈

♣풀이 : 흉몽이다. 원하던 일이 이루어지지 않아서 고민을 하게 되거나 구설수가 있을 징조이다.

♣부부가 대화를 하고 있는 꿈

♣풀이 : 꿈속에서의 대화는 보통 자신만이 알고 있는 비밀을 가지고 있다는 것을 뜻한다. 이러한 꿈을 꾸면 부부간에 다투는 일이 있거나 별거 또는 이혼하는 일이 생기게 된다.

♣자기가 귀인과 이야기를 하는 꿈

♧풀이 : 배필을 맞아들이거나 뜻을 같이 하는 사람을 만나게 되며, 크게 출세할 징조의 꿈으로 모든 일에 적극적으로 덤비도록 하라.

♣사람이 많이 모여 있는 것을 보는 꿈

♧풀이 : 자신이 어떠한 일에 정신적으로 동요되고 있다는 것을 나타낸다. 자신이 심하게 화를 낸 일이 있거나 놀란 일이 있었다는 것을 뜻한다.

♣많은 사람 중에서 한 사람이 돋보이는 꿈

♧풀이 : 눈에 띄는 사람은 자기 자신을 상징하는 경우도 있고 자기 마음 속에 크게 자리잡고 있는 인물을 나타내는 경우도 있다. 이것은 자신이 따돌림 당하고 있다는 분노나 불안감을 뜻한다. 다른 한편으로는 어떠한 일에 대해 자신이 없다거나 남이 자기를 의심하고 있다는데 대해 분노하고 있다는 것을 의미한다.

♣가족이 한방에 모여 심하게 다투는 꿈

♧풀이 : 친척 또는 이웃 사람들과 불화가 있으며, 현실적으로도 다투는 일이 있을 수 있다.

♣자기가 참새떼를 보는 꿈

♧풀이 : 재물을 얻을 징조를 알려주는 꿈이다. 집안으로 참새가 날아드는 꿈은 집안에 경사스러운 일이 일어날 징조이며, 자신의 품안으로 참새가 날아드는 꿈을 꾸면 여아를 낳게 된다.

♣자기가 면접시험을 보는 꿈

♧풀이 : 맞선에 대한 불안감과 기대감을 의미한다. 특히 취직시험에 따르는 면접시험은 그 의미가 더욱 강조된다. 이것은 맞

선을 얼마 남기지 않은 여성이나 남성이 많이 꾸는 꿈이다.

♣육체 노동을 하는 사람을 만나는 꿈

♧풀이 : 꿈 속에서 육체를 사용해 노동하는 사람을 만나는 것은 성적인 흥분 상태를 의미한다. 본인이 육체 노동을 하는 꿈은 보다 강렬한 흥분을 나타내고 있는 것이다.

♣자기가 아름다운 여자나 미남자와 결혼을 하는 꿈

♧풀이 : 매우 경사스러운 일이 일어나며, 뜻하는 일이 달성되거나 원했던 상대와 결혼하게 되는 등 만족할 만한 일이 생기게 된다.

♣ 자기와 결혼하는 상대가 누구인지 확실하지 않은 꿈

♧풀이 : 결혼은 사회적인 책임을 부여하는 것으로 책임을 져야 하는 것인지 확실하게 결정을 내리지 못하게 된다. 가령 계속해서 지금 다니고 있는 회사에 다닐 것인지 아니면 그만 둘 것인지 갈등을 느끼고 있다는 것을 나타낸 꿈이다.

♣자기가 이부자리로 다른 사람을 끌어들이는 꿈

♧풀이 : 사업에 관해서 적극성을 가지고 뛸 것을 경고해 주는 꿈이다. 자신과 경쟁하는 사람이라든가 이성의 마음을 탐지하게 될 징조이다.

♣자기가 이불 속에서 귀중한 물건을 꺼내는 꿈

♧풀이 : 노력한 댓가를 얻게 된다. 자신을 도와주는 사람이 나타나거나 협조자를 만나게 된다.

♣주인이 방석을 내어주거나 과일을 내오는 꿈

♧풀이 : 머지않아 출세할 것을 암시해 주는 꿈이다. 지위가 높아지거나 신분이 높아지고 중요한 일이 자신에게 맡겨질 징조.

♣어린아이가 죽음을 당하는 꿈

♧풀이 : 방해물이 제거되고 계획한 일이 뜻대로 진행될 징조이다. 그 동안의 고통이 사라지고 마음의 평안이 온다.

♣자기가 유명한 인사와 함께 서 있는 꿈

♧풀이 : 길몽이다. 고귀한 인물을 만나게 되거나 그에게 감화를 받는 일이 있다.

♣경찰이 나타나 자기에게 수갑을 채우는 꿈

♧풀이 : 건강이 나빠져서 질병을 앓게 되거나 가까운 사람의 죽음을 보게 될 징조이다. 또한 시험에서 떨어지거나 신임을 잃게 되기도 하고 직장에 회의를 느끼게 된다.

♣천사가 나타나 자기를 어디론가 인도하는 꿈

♧풀이 : 길몽이다. 출세의 문이 활짝 열릴 징조이다. 자기가 고귀한 인물을 알게 되거나 가르침을 받게 되고, 지적으로 자신을 성숙시키게 된다.

♣뜻밖의 사람이 자기를 도와주는 꿈

♧풀이 : 길몽이다. 자신의 고통을 함께 나눌 수 있는 친구가 찾아오거나 도움을 주려는 사람이 나타난다.

♣어떠한 사건에서 달아나려고 하는 꿈

♧풀이 : 사랑하고 있는 사람이 자신에 대해 냉정하게 대하거나 친구와 좋지 않은 일로 다투는 일이 있다. 또한 자신에게 맡겨진 일을 처리하지 못해서 꾸지람을 듣는 일이 있거나 계획하는 일이 실패하는 것을 보게 될 징조이다.

♣자기가 자신의 알몸을 가리려고 하는 꿈

♧풀이 : 꿈 속에서 자신의 나체를 숨기려고 하는 것은 현실적

으로 억제하고 있는 일이 많다는 것을 의미한다. 보아서는 안될 일을 보게 되거나 경험을 하게 되며, 어떠한 일에 대한 대책을 세우게 되는 일이 있다.

♣자기가 사회적으로 이름난 사람과 입을 맞추는 꿈
♧풀이 : 꿈 속에서 나타난 사람이나 또는 그와 비슷한 인물을 접할 기회가 생긴다. 그리고 자기가 존경하고 있던 인물이 어떠한 단체의 우두머리가 되는 것을 보게 될 징조이다.

♣직장의 상사나 웃사람이 자기에게 절을 하는 꿈
♧풀이 : 웃사람을 감동시키는 일이 있거나 신임을 받을 징조

이다. 따라서 자기보다 높은 위치에 있는 사람이 자기에게 도움을 청하는 일이 있으며, 중요한 일을 맡기게 된다.

♣다른 사람이 자기의 손을 잡아당기는 꿈

♧풀이 : 귀인을 만나서 뜻하지 않은 지도를 받거나 도움을 받아서 큰 일을 해결할 징조이다. 여기서는 꼭 귀인만을 가르키는 것이 아니라 친구 또는 부모, 아내 등을 뜻하기도 한다. 또한 자기 혼자서는 감당해내기 어려운 일에 부딪쳤을 때 자신을 이해하고 도와주는 사람이 나타난다.

♣남이 자기를 품에 안는 꿈

♧풀이 : 꿈 속에서 다른 사람이 나를 품 안에 안는 것은 현실에서도 마찬가지로 자신을 아껴주고자 하는 사람이 나타나거나, 어려운 일에 봉착해 있을 때 위로해주고 도움을 주는 사람이 나타난다. 이 꿈은 길조이다. 이와 반대로 남이 나를 안는 것이 아니라 내가 안기는 꿈은 자신이 직접 도움을 청하게 될 일이 있을 징조이다.

2. 생각에 관한 꿈

♣자기가 남을 기쁘게 해주는 꿈

♧풀이 : 현실적으로 질투할 상대가 나타난다. 마음 속으로 얄밉고 시기심이 치솟는 상대이지만 겉으로는 어떻게 해볼 수 없는 강력한 상대 앞에서 고민하지 않으면 안되는 일이 생긴다. 이런 꿈을 꾸었을 때는 특히 대인관계를 원만히 하고, 남의 미움을 사지 않도록 노력하는 것이 중요하며, 자신도 가급적이면 상대방의 입장을 이해하도록 힘쓰는 것이 좋다.

♣까닭없이 자기가 몹시 기뻐하는 꿈

♧풀이 : 현실적으로도 매우 기쁜 일이 일어날 것을 예시해 주는 꿈이다. 그러나 만약 꿈 속의 상황으로 미루어 보아 어떠한 원인이 분명하게 표출되어 있는 상태에서 자기가 기뻐하는 꿈이라면 그 예시성(豫示性)이 약간 달라진다. 하지만 그러한 경우에도 길몽임에는 틀림이 없다.

♣자기가 신선이 되는 꿈

♧풀이 : 운수가 대통할 꿈이다. 꿈 속에서 자기가 신선을 만나는 꿈은 남의 도움으로 출세할 꿈이다. 자기가 신선이 되는 꿈은 남의 도움 없이 부귀하게 될 운세를 예시해 주는 꿈이다. 대길몽이다.

♣자기가 미치광이가 되어있는 꿈

♧풀이 : 길몽에 속한다. 현실적으로 괴롭고 어려운 일과 속에
서 탈피할 수 있게 된다. 지금까지와는 다른 자유스러움이 현실
의 생활 속으로 찾아드는 것을 예시해주는 꿈이다.

♣자신이 어떠한 큰 문제를 저지른 것 같은 꿈
♧풀이 : 많은 사람이 생각지도 못한 일을 해내거나 깜짝 놀랄
만한 사건을 일으킬 징조이다.

♣자기가 다른 사람을 부러워하는 꿈
♧풀이 : 경쟁을 하던 사람이나 자기가 질투하고 있던 사람에
게서 진한 패배감을 느끼게 된다. 또한 주위 사람과 다투는 일
이 생기거나 큰 일을 맡게 된다.

♣다른 사람이 무섭게 느껴지는 꿈
♧풀이 : 한 마디로 말해서 흉몽이다. 중요한 임무 등으로 바
쁘게 되고, 다른 사람과 다투는 일이 있거나 사회를 위해 봉사
하는 일 등을 할 징조이다.

♣자기가 화가 나서 소리를 지르는 꿈
♧풀이 : 원하던 바가 친구의 도움으로 이루어지고, 경쟁하던
사람을 물리치거나 많은 사람의 웃자리에 서게 된다.

♣자기에게 다른 사람이 화를 내는 꿈
♧풀이 : 친구나 연인이 자신을 이끌어주는 사람같이 느껴진다.
또한 부모나 상사에게서 꾸지람을 듣는 일이 있으며, 자신의 작
품을 다른 사람에게 보여줄 일이 생긴다.

♣자기의 어깨가 무척 커보이는 꿈
♧풀이 : 길몽이다. 운수가 대통하고 재수가 있으며, 머지않아
자기를 사랑하는 연인이 나타날 징조이다.

♣자기가 거지가 되는 꿈

♧풀이 : 생활이 점차로 윤택해지고 하는 일마다 웃음이 있을 것이며, 재수가 있다. 반대로 자기 자신이 거지를 보는 꿈은 운수가 있고, 평소에 존경하고 있던 사람에게 도움을 받아서 소원 했던 일이 성취된다.

♣자기의 집안이 가난해지는 꿈

♧풀이 : 길몽이다. 원하고 있던 일이 계획한 뜻대로 진행된다. 하는 일마다 순조롭고 재수가 있다. 가난한 사람을 도와주는 꿈은 자신이 초대를 하거나 초대받는 일이 생긴다.

♣자기가 당황하고 있는 꿈

♧풀이 : 당황하는 꿈을 꾸는 것은 욕망과 도덕적 양심 사이에서 갈등을 하다가 욕망을 이기지 못해서 이에 대해 당황하고 있는 것이다. 이 꿈은 자신이 어떠한 일로 인하여 어쩔 수 없이 이렇게 되지 않으면 안될 상황이었다는 것을 변명하고 있는 잠재의식의 표출이다. 썩 기분 좋은 꿈은 아니다.

♣자기가 고향에 돌아와 있는 꿈

♧풀이 : 편안하고 안정된 곳을 원하고 있는 잠재의식의 표출이다. 귀찮은 업무나 자기를 바라보는 눈에서부터 벗어나서 혼자 휴식을 취하고 싶은 마음이 꿈을 통해 예시된 것이다. 또 한편으로는 모든 인간의 고향인 여성의 자궁을 의미하기도 한다. 인간은 어른이 되어서도 모친의 품 속을 그리워하는 어린애 같은 욕망을 가지고 있다.

♣자기가 자라난 고향의 논과 밭, 또는 가옥이 황폐해서 쓸쓸한 느낌이 드는 꿈

♣풀이 : 생각지도 않은 행운이 찾아오는 운세이다. 모든 일을 진행함에 있어 순조롭고 기쁘게 진행된다. 길몽이다.

3. 행동에 관한 꿈

♣자기가 못을 박는 꿈

♣풀이 : 꿈 속에서의 '못'은 현실에서는 '남성기(男性器)'를 상징하며, '못을 박는 행위'는 '성행위'를 뜻한다. 따라서 못을 박는 꿈은 머지않아 이성과의 성행위를 즐기게 된다는 것을 예시해 주는 꿈이다. 꿈 속에서 못을 원활하게 잘 박으면 현실에서도 순조로운 성교가 이루어지고 만약 못을 박다가 못이 부러지든지 또는 빠지면 현실에서도 원만한 성교 진행이 힘들게 된다.

♣자기가 스키를 타는 꿈

♣풀이 : 이 꿈도 역시 스케이트를 타는 꿈과 비슷한 일면을 가지고 있지만, 약간 길몽에 속한다. 자기 스스로의 노력으로 어려움을 극복해 나아가는 운세를 예시하는 꿈이다.

♣자기가 남의 의자에 앉는 꿈

♣풀이 : 새로운 직업을 얻게 될 꿈이다. 이런 경우에는 기회 포착을 잘하여 신속하게 적극적인 자세를 보이는 것이 바람직하다. '운명은 스스로 개척하는 것'이라는 말이 있듯이, 제아무리 좋은 기회가 주어진다 하더라도 자기 자신이 관심없이 지나친다든지 나태한 행동으로 일관한다면 기회는 결국 자기에게서 다른 사람에게로 옮겨가고 만다.

♣자기가 위패(位稗)를 들고 있는 꿈

♣풀이 : 훌륭한 배우자를 만나게 될 꿈이다. 길몽이다.

♣자기가 유리 그릇을 들고 있다가 깨뜨리는 꿈

♧풀이 : 흉몽이다. 하고 있는 일이 성사되지 않는다. 직장인은 업무 과실로 직장을 그만두게 되며, 사업가는 사업 실패로 회사에서 손을 떼지 않으면 안되는 불행한 사태를 맞이하게 된다. 이런 꿈을 꾸었을 때는 매사에 주의하고 특히 인간 관리에 만전을 기해야 한다.

♣자기가 깔깔대고 웃는 꿈

♧풀이 : 성적(性的) 욕망을 해소할 수 있게 된다. 꿈 속에서의 '웃음'은 현실에서의 '성적인 쾌락', 즉 '오르가즘'을 의미한다.

♣자기가 온몸을 웅크리고 있는 꿈

♧풀이 : 현실적으로 후회할 일이 생긴다. 다른 사람 앞에서 몸을 움츠릴 일이 벌어진다. 자기의 부끄러운 일이 남에게 노출되는 것을 예시해주는 꿈이다.

♣공사 현장에서 자기 자신이 노동을 하는 꿈

♧풀이 : 이성 간에 섹스가 이루어질 것을 예시하는 꿈이다. 작업이 고되고 어려울수록 현실에서는 흡족한 섹스를 하게 된다. 꿈 속에서의 '노동'은 현실적으로 '성욕'을 상징한다.

♣자기가 건널목에서 멈추어 서는 꿈

♧풀이 : 꿈 속에서의 건널목은 현실에서의 장해물을 상징한다. 따라서 자기 자신이 건널목 앞에서 멈추어 서는 꿈을 꾼다면 이는, 곧 현실에서 방해물이나 방해하는 사람이 나타날 징조이다. 학생의 신분이라면 부모나 선생님으로부터 어떠한 일을 제지받게 될 것이며, 일반 회사인일 경우에는 업무적인 측면에서 남의 제지나 오해를 받게 될 것이다. 그러므로 이러한 꿈을 꾸었을 때는 우선 자기 자신의 현실을 재점검해 볼 필요가 있다. 혹시 다른 사

람에게 방해받을 만한 일이나, 또는 제지당할 만한 일은 없는가? 만약에 그러한 가능성이 있는 일이 있다면 미리 예방책을 세워야 할 것이다.

그러나 건널목을 무사히 통과하는 꿈이라면 현실적으로도 하고 자 하는 일이 무사히 진행되어질 것이다.

♣자기가 상점 간판을 보는 꿈

♧풀이 : 별다른 의미 없는 꿈 속에서 길거리 간판을 보게 되는 경우가 있다. 어떤 예시성(豫示性)을 지닌 것 같지는 않는데 무심코 간판이 줄지어 늘어선 길거리를 지나가는 꿈은 자신의 감정 상태를 나타내는 꿈이다. 많은 간판을 보는 중에서도 어떤 특별한 간판이 인상적으로 기록되는 경우가 있다. 예를 들면, 식당의 메뉴판이라든지, 또는 자동차 회사의 선전 광고판 등이 인상적으로 특별히 눈에 띠는 경우이다.

이런 경우의 꿈해몽은 그 간판의 내용에 따라 달라지게 된다. 만약 인상적으로 주목되어지는 간판이 식당의 메뉴판이라면 음식이 먹고 싶어지는 자신의 감정을 꿈 속에 표출시킨 것이며, 은행 간판이 특별히 눈에 띠었다면 돈을 필요로 하는 자신의 처지에 대한 감정노출로 볼 수 있다. 자동차회사 간판이 눈에 띠었을 경우에는 자동차를 갖고 싶어하는 욕망에 대한 잠재의식의 표출이다. 이러한 경우에는 특별히 길몽이다, 흉몽이다 하고 단정지을 수 없다. 그 구체적인 꿈의 상황에 따라 각기 다른 대처 방안이 나오게 되기 때문이다.

♣교실에서 자기가 공부를 하는 꿈

♧풀이 : 썩 좋지 않은 꿈이다. 파출소나 경찰서, 또는 법정에 불려가 취조를 당하게 될 징조이다. 운전기사는 교통 법규 위반으로 교통 경찰관에게 제지당할 위험이 있다. 이러한 꿈을 꾸었

을 때에는 만사에 조심해야 한다. 타인과 논쟁을 벌이는 것은 가급적 삼가하도록 하며, 특히 법적인 시비가 일어나지 않도록 유의해야 한다.

♣자기가 구멍 속에 기어들어가 허수적거리는 꿈

♧풀이 : 현실에서 원하는 여인과의 정사가 이루어지게 된다. 그러나 꿈 속에서 아무런 공포심이나 초조감을 느끼지 않는다면, 현실에서는 그 반대로 정사 관계로 인하여 수난을 당하게 된다. 가령 유부남일 경우 간통 문제로 고민한다든지, 여성일 경우에는 귀찮은 남성 때문에 고민하게 된다.

♣자기가 구멍 속으로부터 밖으로 빠져나오는 꿈

♧풀이 : 이 꿈은 한 마디로 보기 드문 길몽이다. 그 동안 골치 아팠던 일들이 풀어져서 순조롭게 진행될 꿈이다. 사업가는 그 동안의 불황을 타개하고 새로운 아이템으로 사업 확장을 이룩할 수 있을 꿈이다. 또한 작가의 경우는 작품 발표로 호평을 받아 이름을 드날리게 되며 연예인은 인기 상승세를 타게 된다.

♣산기슭에 외따로 떨어져 있는 오두막집으로 자기가 들어가는 꿈

♧풀이 : 조만간 남에게 알려져서는 안되는 모의를 하게 된다. 그러나 결과는 의외로 나쁘게 진전되어 쇠고랑을 차게 될 운세를 안고 있다. 이런 꿈을 꾸었을 때는 항상 마음을 바르게 하고 대인 관계를 밝고 원만하게 유지하도록 노력해야 한다.

♣자기가 산꼭대기로 올라가는 꿈

♧풀이 : 앞으로 다른 사람의 리더가 된다. 사업적으로도 성취할 수 있게 되며, 종사하는 분야의 장(長)이 된다. 길몽이다.

♣자기가 지붕이나 건물 옥상으로 올라가는 꿈

♧풀이 : 이 꿈 역시 길몽이다. 자기가 하고 있는 일에 대해 만족하게 되며, 원하는 바를 성취하게 된다.

♣자기가 외국으로 여행을 가는 꿈

♧풀이 : 새로운 분야에 종사하게 되거나 새로운 사업을 시작하게 된다. 성적(性的)인 측면에서는 새로운 이성(異性)을 만나 사귀게 된다. 결과는 좋게 끝난다. 길몽에 속한다.

♣자기가 아르바이트를 하는 꿈

♧풀이 : 애인이 둘 생길 징조이다. 기혼자인 경우에는 남편이나 아내 말고도 숨겨둔 애인이 생길 징조이다. 이 경우에는, 즉 결혼을 목적으로 하지 않는 연애 상대를 만날 가능성이 많다. 이성간의 관계는 그리 복잡하지 않으나 언젠가는 말썽이 있게 된다. 정상적인 이성 관계라기 보다는 불륜적인 관계가 맺어질 가능성이 많기 때문이다.

♣자기가 아프리카에 가는 꿈

♧풀이 : 자기가 하고 있는 일이 미숙함을 의미한다. 조금더 완숙한 경지에 들어서기 위해서는 지금까지와는 다른 노력을 쌓지 않으면 안된다.

♣무엇인지는 확실하지 않지만 자기가 열심히 연습하는 꿈

♧풀이 : 현실에서 어떠한 일에 대해 능숙하게 해내지 못하는 자신의 무능력을 비관하게 된다. 마음과 뜻대로 되지 않는 일에 대한 잠재 의식의 표출이라고 볼 수 있다. 흉몽 쪽에 가까운 꿈이다.

♣자기가 기차를 타고 역(驛)을 그냥 지나쳐 가는 꿈

♧풀이 : 현실에서의 생활 리듬이 깨어지는 것을 예시해주고 있

다. 건강에 이상이 생긴다든지, 계약이 해약된다든지, 또는 정기적으로 배달되던 물건의 공급이 중단되는 것과 같은 달갑지 않은 사태를 맞이하게 된다. 큰 흉몽이라고는 할 수 없지만 결코 길몽쪽과는 거리가 먼 꿈이다.

♣자기가 시소를 타는 꿈
♧풀이 : 성적(性的)인 갈등이 생기게 된다. 마음대로 되지 않는 이성간의 문제에 고민하는 운세를 예시해주는 꿈이다. 겉으로는 될 듯 될 듯 하면서도 사실은 되지 않는 이성간의 문제는 자기 자신을 더욱 조급하게 만든다. 이러한 꿈을 꾸었을 때는 너무 조급한 생각을 갖지 말고 차분하게 기다리는 인내심을 갖도록 해야 한다.

♣자기가 잠을 자는 꿈
♧풀이 : 자포자기할 일이 생긴다. 하는 일마다 뜻대로 되지않아 심신이 함께 피로하게 되고, 자칫 잘못하면 좌절감을 갖게 된다. 이런 꿈을 꾸었을 때는 보다 적극적인 마음 자세를 갖는 것이 중요하다.

♣자기가 세일즈맨이 되는 꿈
♧풀이 : 길몽이다. 다른 사람으로부터 도움을 받게 된다. 현실적으로 평소에 바라던 일이 남의 도움으로 이루어지게 된다.

♣자기가 상자 속을 들여다 보는 꿈
♧풀이 : 남과 다툴 일이 생긴다. 남과 다투게 되면 결과적으로는 자기가 손해를 보게 된다. 그러므로 이러한 꿈을 꾸었을 경우에는 가급적 대인 관계를 원만하게 이끌도록 노력하는 것이 중요하다.

♣다른 사람이 자기의 사진을 찍어주는 꿈

♧풀이 : 섹스와 연관된 꿈이다. 다른 이성(異性)으로부터 프로포즈를 받게 된다.

♣자기가 남에게 용서를 비는 꿈
♧풀이 : 대인 관계가 원만해진다. 현실적으로 소원한 관계에 있던 벗이나 친지와의 사이가 다시 돈독해지고 내왕이 있게 된다. 사업적인 측면에서도 호전될 꿈이다.

♣자기가 사막을 걸어가는 꿈
♧풀이 : 현실적으로 살아가기가 매우 어렵게 된다. 계획한 일이 너무 벅차고, 능력도 부족하여 고민에 빠지게 될 가능성이 많다. 흉몽 쪽에 속하는 꿈이다.

♣자기가 다른 사람에게 복수를 하는 꿈
♧풀이 : 억압되었던 환경으로부터 탈피할 수 있는 기회가 주어지게 된다. 현실적으로 정당 방위를 할 수 있는 사건이 생길 수도 있다. 이러한 꿈은 결코 길몽이니 흉몽이니를 따질 성질이 아니다.

♣자기가 병(瓶)을 만지는 꿈
♧풀이 : 길조이다. 병을 보거나 만지는 꿈은 장수할 꿈이다.

♣자기가 버스를 타고 가는 꿈
♧풀이 : 흡족한 상대자를 만나게 된다. 이성간의 상대자로서 자기를 리드해 줄 수 있는 남자나 여자가 나타나게 될 징조이다. 버스를 타고 명쾌하게 달리는 꿈은 현실적으로 바람직한 상대를 만나 결혼으로 치닫게 되는 운세임을 예시하는 것이다. 미혼 남녀는 보다 적극적으로 상대방을 구한다면 흡족한 상대를 만날 수 있을 것이다.

♣자기가 바늘에 찔리는 꿈

♧풀이 : 자기 혼자만의 비밀을 남에게 본의 아니게 노출시키게 된다. 무슨 흉계를 꾸민 것이 남에게 들통이 나서 곤욕을 치르게 된다. 흉몽이다.

♣자기가 막대기를 가지고 다른 사람을 때리는 꿈

♧풀이 : 길몽이다. 다른 사람보다 월등하게 좋은 위치를 점유하게 된다. 많은 사람들을 이끌 수 있는 리더가 되는 운세이다. 계획한 일이 있으면 과감히 밀고 나아가야 한다. 실패보다는 성공 쪽이 가깝게 위치해 있다. 자기가 막대기로 때린 사람의 숫자가 많으면 많을수록 좋다.

♣자기가 양어깨에 짐을 지고 걸어가는 꿈

♧풀이 : 머지않아 출가하여 독립할 것을 예시하는 꿈이다.

♣자기가 다른 사람과 함께 도박을 하는 꿈

♧풀이 : 건강에 대한 위험 신호이다. 특히 소화기관이나 호흡기관이 약해질 징조이다. 이러한 꿈을 꾼 후에는 건강에 각별히 신경을 써야 할 것이다.

♣뒤집혀진 물건을 보는 꿈

♧풀이 : 현실적으로 마음을 터놓고 의논할만한 상대가 없어서 고민하게 된다. 자기 자신은 진실을 이야기하는데도 상대방은 이를 믿어주지 않는다. 자칫 잘못하다가는 상대방에게 배신당하거나 사기를 당할 가능성이 많다. 이런 꿈을 꾼 후에는 특히 매사에 신중을 기해야 한다. 대인 관계에도 신경을 써서 조심하지 않으면 안된다.

♣손뼉을 치며 열광적으로 노래하는 꿈

♣풀이 : 병이나 재난을 맞이하여 대성통곡할 일이 생긴다.

♣자기 혼자서 노래하고 춤을 추는 꿈
♣풀이 : 구설수가 생길 징조를 예시하는 꿈이다. 그러나 피리를 불고 장고나 북을 치며 여러 사람이 흥겹게 노래하는 꿈은 길조이다. 경사스러운 일이 생길 꿈이다.

♣자기가 피아노를 치고 있는 꿈
♣풀이 : 현 생활이 고독하다거나 외롭다는 것을 의미한다. 피아노를 치고 있는 사람이 누구인지 분명하게 나타나는 꿈은 그 사람에 대해 질투나 열등감을 가지고 있다는 것을 뜻한다.

♣궁전에서 임금이 거니는 것을 보는 꿈
♣풀이 : 길몽이다. 계획한 일이 순조롭게 진행되고 기쁨이 있다. 운수가 열리고 재수가 있다.

♣자기가 성 안으로 걸어서 들어가는 꿈
♣풀이 : 길몽이다. 사업이 번창하고 좋은 일이 생긴다. 그러나 성 안에서 나오는 꿈은 불길한 징조로 모든 것이 어지럽게만 느껴진다.

♣자기가 산을 짊어지는 꿈
♣풀이 : 꿈 속에서 무엇인가 짊어지고 있는 것은 자신이 어떠한 일로 인해서 고통을 받고 있다는 것을 뜻한다. 사회적으로 높은 지위를 얻게 되며, 많은 사람을 이끌게 된다.

♣자기가 해 또는 달을 안거나 짊어지는 꿈
♣풀이 : 커다란 권세를 안게 되며, 훌륭한 인물이 되어 뭇 사람들로부터 존경을 받게 된다. 또한 사회적으로 훌륭한 사람을 배필로 맞아들이거나 그의 지도를 받는 일이 생긴다.

♣자기가 큰 나무를 짊어지는 꿈

♧풀이 : 귀중한 물건을 선물로 받거나 뜻하지 않은 곳에서 큰 돈이 들어올 징조이다. 대변을 짊어지고 집안으로 들어오면 크게 부자가 된다.

♣자기가 자전거를 타는 꿈

♧풀이 : 다른 사람의 도움없이 혼자서 손과 발을 이용해 운전하는 것은 어떠한 일에 대한 자기 자신을 스스로 위로하는 것을 뜻한다. 또한 자신이 소외 당하고 있다는 고통을 나타내기도 한다. 갑자기 속도를 내면서 달리는 것은 이에 대한 고통이나 불만이 절정에 이르렀다는 것을 뜻한다. 따라서 이러한 꿈을 꾸게 되면 자신의 위치에 대해 불만을 가질 일이 생긴다.

♣ 자기가 이층에 있는 꿈

♧ 풀이 : 다른 사람에게 자신의 생활을 침해받고 싶지 않다는 것을 의미한다. 남의 눈을 의식하지 않고 자유롭게 행동하고 싶은 장소를 뜻하고 있다. 이층이나 삼층으로 올라가는 꿈은 자신이 귀찮은 일에서부터 해방되어 자유롭게 되고 싶다는 것을 뜻한다.

♣ 자기가 공원이나 놀이터에서 놀고 있는 꿈

♧ 풀이 : 누구에게 구속되지 않고 마음껏 뛰어 놀았던 어린 시절이 그립다는 것을 뜻한다. 이것은 현재의 자신이 불만족스럽거나 욕구불만에 차 있다는 것을 상징해 주는 꿈이다.

♣ 많은 열매가 달린 나무 사이를 산책하는 꿈

♧ 풀이 : 돈이 들어오는 곳이 생기거나 재물을 모으게 된다. 자기가 산이나 숲에서 산책하고 있는 꿈도 길몽으로 모든 일이 순조롭게 된다.

♣ 자기가 용궁 같은 훌륭한 집에서 놀고 있는 꿈

♧ 풀이 : 하는 일마다 웃음이 있고, 행운이 있다. 들에 나가서 뛰어다니며 노는 꿈은 여자를 경계할 필요가 있다.

♣ 자기가 차를 타고 놀러 다니는 꿈

♧ 풀이 : 꿈 속에서 여행하는 것은 자신의 생활에 계획이 없는 막연한 생활을 뜻한다. 또한 여행을 가는 도중에 사고를 당하는 꿈은 자신의 생활에 대해 강한 불안이나 두려움을 가지고있다는 것을 나타낸다. 차를 타고 놀러다니는 꿈은 현실적으로 진급이나 승진이 된다.

♣ 여승이 사는 절로 이사가는 꿈

♣ 풀이 : 근심거리가 생기거나 질병을 얻을 징조이니 건강에 유의해야 한다. 남자가 여승이 되는 꿈은 재수가 없다.

♣ 자기가 여자 아이를 안아 주는 꿈

♣ 풀이 : 본인의 주변에 시끄러운 일이 일어나고 구설수가 있으며, 다투는 일이 생긴다. 아이가 죽는 것을 보면 구설수가 없어지고 고통에서 해방된다.

♣ 자기가 어린애를 안아 주는 꿈

♣ 풀이 : 자기 자신의 고민을 나타내거나 자신이 고립되어 있다는 것을 뜻한다. 비에 젖어 있는 어린애, 또는 몹시 배가 고파서 우는 어린이를 안아 주는 꿈은 자신의 고통을 이해하고 함께 나눌 수 있는 동지나 이성을 원하고 있다는 것을 암시해 주는 꿈이다.

♣ 어린 아이가 방긋방긋 웃으면서 자기의 주위를 맴도는 꿈

♣ 풀이 : 자신의 고독이나 고통을 이겨 내려는 노력을 뜻한다. 어린 아이가 구토를 하는 꿈은 원하고 있는 일이 이루어지길 바라는 강렬한 욕망을 나타낸다.

♣ 자기가 청소를 하는 꿈

♣ 풀이 : 이러한 꿈은 일반적으로 두려움이나 불안으로부터 벗어나고 싶은 마음을 뜻하고 있다. 또한 무엇이 옳고 그른지 판단할 수 없는 현 상황에서 이성을 찾아야만 한다는 강한 의지를 나타내기도 한다.

♣ 자기가 집안을 깨끗이 청소하는 꿈

♣ 풀이 : 어떠한 단체의 우두머리가 되거나 진급 또는 당첨되는 일이 있으며, 뜻밖에 반가운 사람이 찾아온다.

♣ 자기가 길을 잃고 방황하고 있는 꿈

♣ 풀이 : 흉몽이다. 모든 일이 생각한대로 되지 않고 가깝게 지내고 있는 사람과 좋지 않은 일이 일어난다. 삼거리에서 사람을 만나는 꿈은 재수가 있다.

♣ 자기가 목욕을 하는 꿈

♣ 풀이 : 다른 사람의 눈을 의식하지 않고 자유롭게 살아가고 싶다는 잠재의식의 표출이다. 다른 사람이 목욕하는 것을 보는 꿈을 꾸면 재난이 사라지거나 질병이 사라진다. 자기의 손이나 발을 씻는 꿈은 몸이 건강해질 징조이다. 그러나 발만 씻는 꿈은 직장을 그만 두거나 친구 사이가 멀어지게 된다.

♣ 자기가 목욕을 하고 상 위에 오르는 꿈

♣ 풀이 : 흉몽이다. 좋지 않은 일이 일어날 암시를 주는 꿈이다. 언제나 용기를 잃지 않는 정신이 중요하다. 흙탕물에서 목욕을 하고 있는 꿈은 몸이 허약해지거나 병을 얻게 될 징조이므로 조심해야 한다.

♣ 자기의 배를 씻는 꿈

♣ 풀이 : 계획한 일마다 성공하게 되며, 재수가 있다. 평소에 하고 싶었던 일을 추진하면 크게 성공할 것이다.

♣ 자기가 드라이브를 하는 꿈

♣ 풀이 : 자신이 상대를 마음대로 움직이고 싶다거나 상대방이 자기가 생각한 대로 움직여 주기를 바라는 마음을 나타낸 것이다. 차를 타고 달리는 꿈은 이성과의 교류가 이루어질 꿈이다.

♣ 모든 사람이 달리는 속에서 자기 혼자만 걸어가고 있는 꿈

♣ 풀이 : 격렬하게 행동을 하고 서슴없이 나쁜 일을 하는 등 좋지 못한 사람들 속에서 나 자신이 끼여 있다는 것을 뜻하기도 하

고, 다른 사람과 어울리지 못하고 자기 혼자만 남게 되는 것은 아닌가 하는 불안을 상징하기도 하는 꿈이다.

♣ 자기의 걷는 속도가 빨라져서 어느 사이엔가 달리고 있는 꿈

♧ 풀이 : 흥분된 상태를 나타내는 것으로 이것은 점차로 흥분이 고조되어서 격하게 되는 것을 의미한다. 어두운 곳에서부터 달아나려는 꿈, 걷기 시작하는 꿈 등은 그동안 소홀히 했던 일이나 침체하고 있었던 일에 적극적으로 뛰어들겠다는 잠재의식이 꿈을 통하여 표출된 것이다.

♣ 자기가 언덕이나 험한 산을 걸어서 올라가는 꿈

♧ 풀이 : 환자가 있는 집안에서는 병이 쾌유되고 좋지 않았던 일이 깨끗하게 없어진다.

♣ 자기가 무엇인가에 쫓겨서 도망치는 꿈

♧ 풀이 : 이러한 꿈은 거의 경험이 있을 것이다. 어렸을 때는 누군가에게 구조를 요청하거나 보이지 않는 장소에 몸을 숨기지만, 어른이 되면 자신의 욕정이라든가 자유에 대한 갈망으로 변한다. 그래서 구조해 달라고 소리치지도 않게 되며, 아무리 달리려고 해도 달릴 수가 없다든지 발이 잘 떨어지지가 않는다든지 하게 되는 것이다. 이 때는 구조되기를 바라는 것이 아니라 추격해 오는 것에 잡히고 싶은 마음이 오히려 숨어 있는 것이다. 다시 말하면, 부모에게 반항하려는 마음, 독립하고 싶은 생각, 욕정에 몸을 맡기고 싶은 심정 등이 꿈을 통해 반사된 것이다.

♣ 사슴이나 토끼가 도망치는 것을 보는 꿈

♧ 풀이 : 자신의 힘으로 돈을 모으게 된다. 사슴을 추격해서 뿔을 얻었다면 커다란 행운이 찾아온다.

♣ 여러 마리의 말이 도망치는 것을 보는 꿈

♧ 풀이 : 흉몽이다. 하는 일마다 얼굴에 수심을 띠게 될 징조이다. 얼마 동안은 소극적인 자세가 필요하다.

♣ 자기가 쏜살같이 걷는 꿈

♧ 풀이 : 복이 들어와서 운수가 열린다. 평소에 하고 싶었던 일을 성공시킬 수 있는 징조가 보인다.

♣ 자기의 무릎에 부상을 당하는 꿈

♧ 풀이 : 일이 제대로 되어 주지 않을 징조이다. 무릎에 부상을 입었다가 완쾌 되어서 걷는 꿈은 운수가 열리고 재수가 있으며 길몽이다. 이때 발이 무거워서 걸음을 떼어 놓기가 힘들거나 발이 삔 것 같은 꿈은 몸이 아플 징조를 알려주는 꿈이다. 무릎에 부상을 당해서 걸을 수 없을 정도라면 직장에 나가기가 싫어지거나 직장을 그만 둘 암시를 주는 꿈이다.

♣ 자기의 발이 붓거나 삐게 되는 꿈

♧ 풀이 : 자신의 주위에 있는 가까운 사람에게서 화를 당하게 되므로 인간 관계는 확실하게 해둘 필요가 있다.

♣ 자기가 다리를 건너가는 꿈

♧ 풀이 : 일반적으로 다리(橋)는 성적인 욕망과 도덕적 양심의 경계 부분을 상징한다. 꿈 속에서 다리를 건너고 있는 것은 성에 대한 호기심이나 성적 모험심을 가지고 있다는 것을 뜻한다.

♣ 다리 위에서 크게 이름을 부르는 꿈

♧ 풀이 : 다른 사람이 자신의 이름을 부르면 경쟁하고 있는 사람을 물리칠 징조이다. 자신이 다른 사람을 부르는 꿈은 어떠한 문제를 놓고 판결하게 되는 일이 생기는데, 이때 다리 밑에서 대

답하는 소리가 들리면 이긴다는 암시를 주는 꿈이다. 허공에 대답이 울리지 않으면 좋지 않은 징조이다.

♣ 다리를 새로 놓거나 고치는 꿈
♧ 풀이 : 하는 일마다 웃음꽃이 피어나고 소원했던 일이 이루어지며 부귀하게 될 꿈이다. 단 사기당할 조짐이 나타나므로 큰 돈을 가지고 다니지 말 것이며, 매사에 조심해야 한다.

♣ 자기가 길을 걸어가는 꿈
♧ 풀이 : 사춘기에서 느끼는 자신의 성숙한 것에 대한 불안한 마음이나 기대감 같은 것을 상징하는 꿈이다. 걸어가는 도중에 길이 갑자기 좁아지거나 울퉁불퉁해지는 꿈은 현실에서 만족하지 못한 강렬한 욕망을 뜻한다. 또한 길이 두 개로 나 있는 꿈은 하고 싶은 욕망을 만족시켜야 한다는 마음과 이래서는 안된다는 이성과의 사이에서 고민을 하고 있는 것을 의미한다.

♣ 자기가 넓고 반듯한 길을 걷는 꿈
♧ 풀이 : 본인에게는 웃음이 가득할 것이며, 집안에서는 화기애애한 일이 일어나거나 행운이 찾아온다.

♣ 자기가 좁고 구부러진 길을 걷는 꿈
♧ 풀이 : 흉몽이다. 재산을 탕진해서 웃음을 잃게 되며 고생하게 된다. 본인은 물론 배우자나 가까운 사람들이 서로를 위해 주어야 한다. 또한 한낮에 길을 오가는 꿈을 꾸면 좋은 일이 일어나게 된다.

♣ 자기가 여행을 하는 꿈
♧ 풀이 : 꿈 속에서 관광 여행을 하는 것은 자신이 생각한대로 타인의 눈을 의식하지 않고 행동하고 싶다는 것을 나타낸다. 남의

눈을 의식하는 사람이나 억제심이 강한 사람은 꿈에 여행하는 장면이 나타나지 않는다.

♣ 자기가 차를 타고 여행하는 꿈

♧ 풀이 : 현재 자신의 위치보다 더 좋은 자리를 얻게 되며, 남으로부터 더욱 두터운 신망을 얻게 된다.

♣ 자기가 명산고적을 여행하는 꿈

♧ 풀이 : 꿈 속에서는 유희라는 의미가 상징하는 것은 어떠한 제약으로부터 해방하는 것을 뜻한다. 여기에는 학교 교육을 상징하는 것과 도덕적 권위를 상징하는 부모들이 등장한다. 사춘기에는 특히 이러한 종류의 꿈을 많이 꾸게 되는데 이것은 유희 뒤에 나타나는 두려움을 나타낸 것이다.

또한 한 동안 소식이 없었던 친구를 만나거나 고향에 대한 소식을 듣게 된다.

♣ 공원에서 느티나무를 보는 꿈

♧ 풀이 : 친구와 말다툼하는 일이 생기든지 연인과 다투는 일이 생긴다. 뜰 앞에 대나무가 있는 꿈은 모든 일이 뜻대로 잘 되며, 길몽이다.

♣ 자기가 공부를 하고 있는 꿈

♧ 풀이 : 자기는 현재 성에 대한 많은 지식을 쌓고 싶은 욕망을 가지고 있다.

♣ 과제물에 대한 두려운 꿈

♧ 풀이 : 성에 관한 지식을 쌓기 위해서 책을 보고 있는 중에 다른 사람이 보면 무어라 할까 라는 두려운 마음을 나타낸다. 뿐만 아니라 쓸데없는 호기심을 가지고 있는 것은 아닌가 하는 생각을

하고 있는 것을 뜻한다.

♣ 자기가 열심히 글을 읽는 꿈

♧ 풀이 : 귀한 자식을 얻을 징조를 나타내며, 오색 찬란한 경서를 보는 꿈은 크게 부귀하게 될 징조이다. 길몽에 속한다.

♣계단이나 사다리에 오르는 꿈

♧ 풀이 : 계단을 밟고 올라갈 때 호흡이 가쁘고 심장의 고동소리가 고르지 못하는 것은 성적 흥분을 뜻한다. 계속해서 올라가도 끝이 없는 꿈은 성적인 흥분을 강하게 억제하는 동시에평소에 겁이 많고 두려워하는 것을 나타낸다. 뿐만 아니라 지위가 높아지고 출세할 징조를 알려주는 꿈이다.

♣ 계단을 내려오는 꿈

♧ 풀이 : 성에 대한 감정이 점차로 식어가는 것을 뜻한다. 내려올 때 만약 발을 잘못 디뎌서 떨어지면 불길한 징조이다. 또한 자기의 성적 능력에 자신이 없어서 불안해 하고 있다는 것을 상징하는 꿈이다.

♣ 자기가 사당에서 향을 피우고 절하는 꿈

♧ 풀이 : 고기를 잡는 사람은 대어를 잡게 될 꿈이며 환자가 있는 집에서는 곧 완쾌될 징조를 알려주는 것으로 대단한 길몽이다.

♣ 이름난 산의 큰 절에 참배하는 꿈

♧ 풀이 : 앞으로 하는 일마다 잘 풀어지고, 다른 사람의 부러움을 사게 된다. 또한 자손이 크게 번창할 징조를 알려주는 꿈이다.

♣ 자기가 경례를 하는 꿈

♧ 풀이 : 길몽이다. 자기 자신의 능력을 믿으며, 자신있게 생

활하고 있다는 것을 뜻한다. 차렷 자세는 부동자세를 하고 있으므로 꿈 속에서 성적으로 흥분 상태에 놓여 있다는 것을 나타낸다. 뿐만 아니라 본인이 경례하고 있는 상대는 존경받는 인물로 자신도 그렇게 되고 싶고, 될 수 있다는 자신이 있다.

♣ 나이 많은 사람들 틈에 끼어서 견학여행을 가는 꿈

♧ 풀이 : 꿈에서 견학을 다니는 것은 성적호기심을 나타낸 것이다. 자신은 이제 그들과 함께 어울릴 정도로 충분히 성숙했다고 생각하는 것이다.

♣ 자기가 이곳 저곳을 돌아다니는 꿈

♧ 풀이 : 부모와 서로 의견이 맞지 않아서 고민을 하게 되며, 가까운 친척들과 불화가 있을 것을 암시하는 꿈이다.

♣ 산이나 숲속을 거니는 꿈

♧ 풀이 : 자신이 원하고 있는 모든 일이 뜻대로 풀어질 징조로 길몽이다.

♣ 자기가 강도와 싸움을 하는 꿈

♧ 풀이 : 강도 꿈을 꾸는 것은 거의 부도덕한 성적 욕망을 나타낸다. 강도와 싸우는 꿈은 현재 성적 욕망과 도덕적인 양심 사이에서 갈등을 겪고 있는 것이다. 강도와 싸울 때 하나도 두렵지가 않으면 욕정을 억제하려는 마음이 없다는 뜻이고, 너무나도 무서워서 싸울 수가 없는 경우에는 성적 욕망이 억제하지 못할 정도로 강하다는 것을 의미한다.

♣ 집안으로 강도가 들어오는 꿈

♧ 풀이 : 흉몽이다. 강도가 집으로 들어와 목을 조르게 되면 집안과 친척 중에 좋지 않은 일이 일어날 암시로 기혼 여성이 이 꿈

을 꾸게 되면 귀금속을 도난당할 징조이므로 주의할 필요가 있다.

♣ 강당에서 하는 이야기를 듣는 꿈

♧ 풀이 : 강당은 원래 사람이 자주 이용하지 않아서 조용하지만 어떠한 일이 있게 되면 한꺼번에 많은 사람이 몰리게 된다. 따라서 밝혀지기 쉬운 비밀을 가지고 있어서 항상 고민이 되고 있는 현실을 상징한다.

♣ 창고에 곡식이나 물건이 가득 차는 꿈

♧ 풀이 : 현재 하고 있는 사업이 크게 번창하여 건강이 회복되고 혼담이 이루어지게 될 좋은 꿈이다.

♣ 자기가 건물을 세우는 꿈

♧ 풀이 : 길몽이다. 예능을 하는 사람은 널리 이름을 드날리게 되고 장사하는 사람은 돈이 많이 들어오게 되며 현재 위치에 비해서 모두 나아지게 된다.

♣ 잠자리를 펴는 꿈

♧ 풀이 : 길몽이다. 머지않아 본인이나 집안의 가까운 사람이 귀를 얻게 될 꿈이다. 잔치를 베풀 일이 생기거나 남의 집에 초대를 받아 후한 대접을 받을 수 있다.

♣ 꽃병을 사거나 훔치는 꿈

♧ 풀이 : 미혼녀가 이 꿈을 꾸면 짝사랑을 하고 있던 남성과 교제를 하게 되거나 결혼할 징조이다. 또는 자신의 원했던 일이나 직장을 얻게 되고 새로운 환경에 접하게 된다.

♣ 물이 가득찬 것을 보는 꿈

♧ 풀이 : 꿈 속에서 물이 가득차 보이는 것은 자기가 현 생활에 만족하고 있다는 것을 뜻한다. 현재 약간 불만이 있다 하더라

도 앞으로 충분히 해결할 수 있는 희망이 있다. 만약 컵에 물이 가득차 보이지 않고 약간 비어 있을 경우에는 어떠한 일을 성취하기는 하지만 만족이 되지 않는다.

♣ 자신의 수저를 부러뜨리는 꿈

♧ 풀이 : 현 생활이 만족스럽지 못하다는 것을 의미한다. 건강이 나빠져서 질병을 얻을 수도 있으며 자신에 대해서 회의를 느끼고 일이 제대로 되지 않는다. 다른 한편으로는 가깝게 지내고 있던 사람이 자기 곁을 떠나거나 죽음을 당할 징조이기도 하다.

♣ 목이 말라서 수도가에 가 물을 틀어보지만 물이 하나도 나오

지 않는 꿈

♣ 풀이 사랑하고 있는 사람이 자신에 대해 냉정하다든가 벌려 놓은 사업이 망할 징조를 보이는 꿈이다.

♣ 벽에 못을 박고 있는 꿈

♣ 풀이 : 자신의 위치를 더욱 튼튼하게 굳히게 된다. 훌륭한 가문의 딸을 며느리로 삼게 되거나 사업 기반을 확고히 다질 징조이다. 또한 어떠한 갈등과 고민 속에서 큰 결심을 하게 되고 마음을 새롭게 가지게 된다.

♣ 자기가 세수를 하고 있는 꿈

♣ 풀이 : 지위가 올라가거나 신분이 높은 사람과 인연을 가지게 된다. 또한 갈등 되었던 일에 대해 용기있게 결정을 내리고 고통에서 해방된다.

♣ 자기가 면도를 하는 꿈

♣ 풀이 : 길몽이다. 위험을 무릅쓰고 좋은 일을 하게 되거나 통쾌한 일을 하게 된다.

♣ 자신이 땀을 흘리고 있는 꿈

♣ 풀이 : 의욕을 상실하고 있다는 것을 뜻한다. 모든 일이 귀찮아지고 힘들다. 또한 교통사고 등을 당할 수도 있다.

♣ 자기 집에서 혼자 누워 있는 꿈

♣ 풀이 : 계획한 일이 순조롭지 못하고 어려움을 겪게 되거나 방해가 되는 인물이 나타나 부진한 상태를 면하지 못하게 된다. 그러나 절망하지 않고 꾸준히 밀고 나가면 성공을 할 수가 있다. 자기에게 필요한 사람이 있을 경우에는 그 사람이 좋아하는 것등 모든 것을 알아서 적극적으로 나가면 그를 자기곁에 둘 수가 있다.

♣ 자기가 대문이나 벽에 무언가를 쓰고 있는 꿈
♧ 풀이 : 칠판과 관계되는 일을 알게 되거나 소설이나 시 등을 쓸 기회가 주어질 징조이다. 또한 그러한 분야에서 일을 하는 사람과 인연을 맺을 수도 있으며, 잡지 등에서 자신과 관계되는 기사를 보게 된다.

♣ 다른 사람이 읽고 있는 책을 엿보는 꿈
♧ 풀이 : 뜻하지 않는 사람이 자기에게 고민을 털어놓는 일이 있거나 그 사람에 대한 비밀을 알게 된다. 뿐만 아니라 자신을 사로잡고 있던 연인이나 친구와 좀더 가까와진다는 것을 암시해 주는 꿈으로 길몽이다.

♣ 유명 인사의 명함을 받는 꿈
♧ 풀이 : 유명인사가 나타나는 꿈은 대부분 자신이 현 생활에 충실하고 있다는 것을 뜻한다. 웃사람이 인정하는 일이 있으며, 매우 중요한 일을 맡게 된다.

♣ 다른 사람이 그림을 그려서 자기에게 보여 주는 꿈
♧ 풀이 : 밑에서 일하고 있는 사람이나 학생에게 어떠한 것을 지시하거나 지도하는 일이 있게 된다. 또 처음보는 사람과 인사를 하게 되거나 자신을 남에게 소개하는 일이 있다.

♣ 자신이 단단한 벽을 깨거나 뚫는 꿈
♧ 풀이 : 승진과 승급이 되고 어떠한 시험에 합격을 할 징조이다. 또한 지금까지의 자신의 행동에 대해 반성을 하거나 새로운 것을 깨닫게 되고 그대로 일을 밀고 나가서 성취하게 된다.

♣ 탁한 물에서 수영을 하고 있는 꿈
♧ 풀이 : 건강이 나빠지거나 질병을 얻을 징조를 알려주는 꿈

이다. 또한 행동이 바르지 못한 사람과 어울리게 되거나 다른 사람의 계책에 빠져서 후회할 일을 저지르게 된다.

♣커다란 바위가 날아다니는 것을 보는 꿈

♧풀이 : 사회를 위해서 봉사하는 일이 있거나 크게 알려지게 되며, 학문에 종사하는 사람은 이름을 날리게 될 징조이다. 또한 행동이 올바르지 못한 웃사람을 만나거나 불쾌한 일을 경험하기도 하고 사업상의 일로 어려움을 겪게 된다.

♣자기가 새처럼 날아서 나무에 오르는 꿈

♧풀이 : 돈이 들어오는 곳이 생기거나 귀중한 물건을 선물로 받게 된다. 또한 연인이나 친구에 대해서 더욱 큰 사랑, 우정을 느끼게 되고 모든 일에 있어 항상 웃음이 있다.

♣자신이 고통스러워 하거나 위험에 직면해 있는 꿈

♧풀이 : 계획한 일이 도중에서 심한 어려움을 겪게 될 징조로 고통과 혼자 서 있는 것 같은 감정을 느끼게 된다. 뿐만 아니라 돈이 들어오는 곳은 없고 쓸 곳은 많으니 자신의 능력에 무력함을 느끼게 되어 이중으로 고통을 당하게 된다.

♣자신이 구덩이에 빠지는 꿈

♧풀이 : 건강에 이상이 있을 징조로 질병을 얻거나 교통사고를 당하게 된다. 또한 다른 사람의 모함을 당하거나 계략에 빠져서 죄를 저지르게 되고 부모를 울리는 일을 하게 된다.

♣사람들이 떼를 지어 오는 꿈

♧풀이 : 자신을 따르고 도와주는 사람이 많이 나타날 징조로 부진했던 사업이나 공부에 열을 올리게 되고 성공을 하게 된다. 그 동안의 고통스러웠던 일이 깨끗이 해결된다.

♣자기가 의자를 찾은 꿈

♧풀이 : 갈등에 싸였던 일에서 해방되고 어떠한 것을 결정하게 된다. 그러나 만약 의자를 찾지 못했을 경우에는 이와 반대로 어떠한 일에 대해 결정을 내리지 못하고 계속 고민을 하게 되며, 결정을 내리게 되더라도 실패하거나 후회하는 일이 있다.

♣자기가 막대기나 지팡이를 짚으면서 걸어가는 꿈

♧풀이 : 계획한 일이 어려움에 부딪칠 때 협조자가 나타나거나 동업자가 나타날 징조이다. 또한 연인이나 친구와 다투고 나서 더욱 가까와질 것을 암시해 주는 꿈이다.

♣파리나 모기같은 해충을 잡는 꿈

♧풀이 : 사회적으로 못된 사람들을 감화시키는 일이 있거나 자신의 일을 방해하는 사람을 보기좋게 굴복시킬 징조를 알려 주는 꿈이다.

♣자기가 죽은 사람을 보고 슬퍼하는 꿈

♧풀이 : 계획한 일이 도중에서 어려움을 겪을 징조이다. 그러나 용기를 잃지 않고 꾸준히 밀고 나가면 성공적으로 이끌 수 있다.

♣다른 사람이 흐느껴 우는 것을 보는 꿈

♧풀이 : 한 마디로 흉몽이다. 집안에 재앙이 일어날 징조이다. 또한 질병을 얻거나 좋지 않은 일로 고통을 받게 될 것을 암시해 주는 꿈으로 주의할 필요가 있다.

♣손으로 땅을 치며 대성통곡하는 꿈

♧풀이 : 마음 속으로 간절히 원하고 있던 바가 이루어지고 경사스러운 일이 겹칠 징조이다.

♣집안의 돌아가신 어른이 울고 있는 것을 보는 꿈

♧풀이 : 흉몽이다. 집안에 불행한 일이 닥치고, 직장을 잃게 되거나 명예를 훼손 당할 징조이다. 한편으로는 친척간의 불화가 있거나 부부가 이별하는 것을 예시하기도 한다.

♣다른 사람의 미소 띤 얼굴을 보는 꿈

♧풀이 : 현실에서는 꿈 속에서 미소를 지은 사람이나 또는 그 친구에 의해서 속상한 일을 겪게 될 징조이다.

♣자기가 크게 소리를 내서 웃는 꿈

♧풀이 : 기쁜 일이나 경사스러운 일이 있으며, 그 동안 고통을 받고 있던 일에서 해방이 되고 높은 지위를 얻을 징조이다.

♣친구와 다정하게 지내는 꿈

♧풀이 : 꿈 속에서 나타난 친구가 곤란을 당하는 것을 보거나 정말 놓치고 싶지 않은 물건 또는 사람을 만날 것을 암시해 주는 꿈이다.

♣자기가 여러 사람과 함께 울고 있는 꿈

♧풀이 : 본인이나 집안에 좋은 일이 있을 것을 예시하고 있는 꿈이다. 새로운 배필을 맞아들이거나 식구 중의 한 사람이 큰 상을 받는 일이 있어서 잔치를 벌여야 할 일이 있게 된다. 어쨌든 경사스런 일이 있을 것을 암시해 주는 꿈으로 길몽이다.

♣부부가 함께 목욕을 하고 있는 것을 보는 꿈

♧풀이 : 머지않아 좋은 일이 있을 것을 암시하고 있는 꿈으로 길몽이다. 미혼녀가 이 꿈을 꾸면 앞으로 열렬한 사랑을 하게 되고, 기혼녀의 경우에는 남편의 사랑을 다시 한 번 확인하는 기쁨이 있게 된다.

♣자기의 아내와 함께 어딘가를 정답게 걸어가고 있는 꿈

♧풀이 : 꿈 속에서의 상황과는 정 반대로 재수가 없다. 다른 사람에게 속임수를 당하는 일이 있게 되고, 재물을 잃을 징조이다. 대인관계를 소홀히 해서는 안된다.

♣자기의 아내를 사랑스럽게 안아주는 꿈

♧풀이 : 한 마디로 말해서 길몽이다. 본인이나 가정에 경사스러운 일이 겹치게 된다.

♣자기 자신이 과일나무 사이로 걸어가고 있는 꿈

♧풀이 : 길몽에 속하는 꿈으로써 재수가 있다. 그날 하루는 매우 기분좋게 보낼 수가 있으며, 모든 사람이 자신을 부러워 하는 것 같은 기분을 맛보게 된다.

♣다른 사람과 말다툼을 하고 있는 꿈

♣풀이 : 꿈 속에서 누구와 다투고 있는 것은 현실적으로 불길한 일이 일어날 것을 암시해 주는 것으로 흉몽이다. 집안에 불화가 있고 형제 또는 부부가 헤어질 수도 있으니 서로 양보하고, 감정을 억누를 줄 알아야 한다.

♣자기 자신이 목욕을 하고 있는 꿈

♣풀이 : 길몽이다. 새로운 세계를 맞이할 징조이다. 더 좋은 직장으로 자리를 옮기게 되거나 또는 지위가 올라가고 몸이 건강하게 될 것을 예고해 주는 꿈으로 재수가 있다.

4. 불과 빛에 관한 꿈

♣ 자기가 성냥으로 불을 켜는 꿈
♣ 풀이 : 자기가 성냥으로 불을 켜서 불꽃이 잘 일어나면 이는 길조이지만, 만약 불길이 일어나지 않고 꺼져버리면 이는 불길한 징조이다. 만약 불길이 잘 일어나는 꿈을 꾸었다면 아주 대길이다. 사업가는 엄청난 수입을 올릴 수가 있고, 세일즈맨은 평소보다 월등한 판매고를 올리게 된다. 그러나 불길이 일어나지 않는 꿈은 사업을 중도에 실패하게 된다든지, 계약이 중간에 해약되는 등의 불행한 사태를 맞이하게 된다. 이러한 경우에는 대인관계를 신중히 검토하여 행동하되, 투자하는 일은 삼가해야 한다. 처음 계획과 마지막 결과는 판이하게 다를 수가 있기 때문이다.

♣ 불이 나서 자기집 문을 태워버리는 꿈
♣ 풀이 : 흉몽 중의 흉몽이다. 집안이 망할 징조이다. 이러한 꿈을 꾸었을 때는 매사에 주의하여야 한다. 기업가는 회사가 망하게 되며, 단체를 이끌고 있는 사람은 단체가 해산되는 파국을 맞게 된다.

♣ 집에 불이 나서 금고를 들고 나오는 꿈
♣ 풀이 : 사랑하는 사람에 대한 애정심리를 뜻하는 꿈이다. 그동안 불을 붙이지 못했던 애정에 바야흐로 불이 붙게 되는 것을 예고하는 꿈이다. 따라서 사귀고 있는 애인이 있을 경우에는 적극적으로 리드해야 한다.

♣전등 스위치를 켜도 전기가 들어오지 않아 당황하는 꿈

♧풀이 : 이러한 꿈은 주로 갱년기에 접어든 노년층에 많이 나타난다. 만약 젊은 사람이 이러한 꿈을 꾸었다면 건강에 유의해야 한다. 꿈 속에서의 '전구'는 현실에서의 '성기(性器)'를 뜻하며, '전기불'은 '정력'을 뜻한다.

♣지하실 같은 어두컴컴한 곳으로 내려가는 꿈

♧풀이 : 자신의 생활에 대한 불만이나 싫증을 느끼고 있다는 것을 뜻한다. 무엇인가 희망적으로 생각하고 있는 사람은 환한 곳으로 나오는 꿈을 자주 꾼다.

♣화로를 보는 꿈

♧풀이 : 협의한 일이 뜻대로 된다. 또한 여러 사람이 화로가에 둘러앉아 있는 꿈은 어떠한 단체를 만들거나 뜻을 같이 하는 사람을 만나게 된다.

♣소방차가 불을 끄고 있는 것을 보는 꿈

♧풀이 : 평소에 생각하고 있던 일을 이제는 거리낌없이 추진하고 싶다는 강한 욕망이 현실적으로 드러난다.

♣집안이 온통 환하게 보이는 꿈

♧풀이 : 상업을 하면 영업이 잘 되어 많은 이익을 올릴 것이며, 기쁜 일이 있다. 적극적인 사고방식을 가진 사람은 복이 들어온다.

♣불빛을 보는 꿈

♧풀이 : 길몽이다. 하는 일마다 재수가 있다. 또한 매우 중요한 일을 담당하는 일이 생긴다.

♣성곽에 불빛이 있는 것을 보는 꿈

♧풀이 : 길몽이다. 좋은 일이 머지않아 일어날 징조를 알려주
는 꿈이다. 현재 고민이 되고 있는 일이 깨끗하게 해결된다.

♣맑은 하늘에 별빛이나 달빛이 비추는 꿈

♧풀이 : 길몽이다. 자신을 존경하는 사람이 나타나거나 사랑할
수 있는 사람이 나타난다. 결혼한 부인이 이 꿈을 꾸면 남편이
나 친척간에 불화가 있을 징조이니 항상 몸가짐을 바르게 가져
야 한다.

♣자기 집 부엌에서 불이 나는 꿈

♧풀이 : 꿈 속에서의 불은 자신의 억제할 수 없는 과격한 감정
을 뜻하고 있다. 뜻하지 않은 좋은 일이 생길 징조이다.

♣세찬 불길에 의해 온 몸이 타는 꿈

♧풀이 : 머지 않아 본인이 훌륭한 일을 하게 된다는 것을 암시
해 주는 꿈이다. 세차게 타고 있는 불을 보면 출세의 문이 열리
고 일이 뜻대로 진행된다.

♣하늘을 태우는 것 같은 큰 불을 보는 꿈

♧풀이 : 집안이 화목하고, 자신이 안정을 취하고, 온 세계가 평
화로울 징조의 꿈이다. 시냇물을 태우는 불을 보면 오래 산다.

♣자기가 성냥이나 부싯돌로 불을 일으키는 꿈

♧풀이 : 길몽이다. 운수가 있어서 상인은 영업이 잘 되고 많
은 이익을 올릴 수 있다. 산이나 넓은 들판에 불이 나는 꿈은 운수
가 대통한다.

♣자기가 램프나 초에 불을 붙이는 꿈

♧풀이 : 밝게 불을 켜는 것은 이성적인 행동과 도덕적인 양심
을 뜻한다. 그러나 램프나 양초 등은 밝음보다는 어둡다는 의미

가 더 강하다. 이를테면 아침이 되어 램프의 불을 **껐**다고 하는 것은 램프의 불이 해가 뜸으로 인해서 필요가 없어진 것이다. 따라서 밝음은 감정을 뜻하는 것으로 자신이 이성을 외면하고 감정에 의해 행동한다는 것을 뜻한다. 또한 밝은 곳에서는 램프의 불이 필요없는 것으로 램프의 불을 껐다는 것은 하나의 변명에 지나지 않는 것이다. 램프의 유리를 깨끗하게 닦는 꿈은 자기 자신에 대해서 채찍질을 하는 것으로 이성을 가지고 좀 더 양심이 강해지기를 바라는 것이다.

램프나 초에 불을 붙이는 꿈은 현재의 사업이나 계획한 일이 만족하게 되는 희망을 준다. 끝까지 추진하도록 한다.

♣자기가 촛불을 보는 꿈
♧**풀이** : 하는 일마다 운이 따르고, 즐거운 일이 일어나거나 사랑할 수 있는 사람을 만날 수도 있다.

♣담배에 불을 붙이려고 했지만 불이 붙지 않는 꿈

♧풀이 : 어떠한 일을 함에 있어서 감정을 누르고 이성으로서 처리한다는 것을 생각하고 있다는 뜻이다. 하지만 자신의 마음 속에서는 욕망에 의해 이성이 밀려나고 있는 것이다. 그러한 자신을 인정하고 싶지 않기 때문에 이와같은 꿈을 꾸게 되는 것이다.

♣자기가 담배를 피우고 있는 꿈

♧풀이 : 희망이 있는 일이 많기 때문에 희망봉을 바라보며 계속해서 걸어가면 고지를 점령할 것이다.

♣어둡던 방안이 갑자기 환해지는 꿈

♧풀이 : 한 마디로 길몽이다. 해결되지 않았던 문제가 깨끗이 해결을 보게 되고, 뜻하지 않은 사람의 도움으로 자신이 어려운 상황에서 빠져 나오게 되기도 한다. 자신이 싫어하던 사람 곁을 떠나기도 하고 의외의 인연을 맺게 될 징조이다.

♣불이 나서 산과 들이 온통 타고 있는 것을 본 꿈

♧풀이 : 한 마디로 길몽이다. 꿈 속에서 산과 들이 마구 타고 있는 것은 자기의 좋지 못했던 행동을 뉘우치는 것을 상징하는 것이고, 다른 한편으로는 새로운 환경에 적응해야 한다는 것을 암시해 주고 있는 꿈이기도 하다. 본인에게 새로운 직장이 생기게 되고 반가운 손님이 찾아올 징조이다.

♣자기가 불을 들고 배를 타는 꿈

♧풀이 : 꿈 속에서 들고 있는 불이 활활 타고 있으면 미혼일 경우 좋은 곳에서 혼담이 들어와서 성사가 된다. 직장에 다니는 사람이 이 꿈을 꾸면 승진이 쉽게 된다. 그러나 들고 있는 불이 꺼져가고 있을 경우에는 믿었던 사람들이 자신의 곁을 떠나거나 해로운 일이 있다.

♣자기의 집이 불에 타고 있는 꿈

♧풀이 : 불길이 세차게 번질수록 좋다. 뜻하지 않은 곳에서 재물이 들어오거나 귀중한 물건이 선물로 들어올 징조이다. 계획한 일이 순조롭게 진행되며, 하는 일마다 기쁨이 있다. 또한 자기의 집이 없는 사람의 경우에는 머지않아 집을 장만하게 된다는 것을 암시해 주는 꿈이기도 하다.

♣자기가 촛불을 앞에 두고 기도하고 있는 꿈

♧풀이 : 자기 자신은 물질적으로나 정신적으로 항상 여유있는 생활을 하고 있다는 것을 상징하고 있는 꿈이다. 실제로 모든 일을 긍정적으로 바라보는 눈을 기르게 되며, 자신을 도와주고자 하는 사람이 많이 있을 징조이다. 모든 일이 뜻대로 된다. 길몽에 속한다.

5. 사람의 몸에 관한 꿈

♣자기가 벌거벗은 몸으로 사람들 앞을 지나다니는 꿈

♧풀이 : 한 마디로 길몽이다. 하는 일마다 순조롭게 진행되며, 운수가 대통한다. 선거에 입후보하는 사람은 당당하게 일등 당선이 되며, 수험생일 경우에는 우수한 성적으로 합격하게 된다. 또한 장사를 하거나 사업가의 경우에는 사업이 확장되며 놀라울 정도로 많은 이익금을 얻게 된다. 부귀와 명성이 한꺼번에 쏟아져 들어오는 길몽이다.

♣벌거벗은 자신의 몸을 보고 수척해졌다고 생각하는 꿈

♧풀이 : 이 꿈은 흉몽은 아니지만 썩 좋은 길몽이라고도 할 수 없다. 처음은 나쁘고 나중은 좋게 되는 꿈이다. 부귀와 명성을 얻게 되지만, 그 이전에 그 댓가를 치르지 않으면 안되는 현실을 맞게 된다. '고생 끝에 낙이 온다'는 속담에 견주어볼 만한 꿈이다.

♣자기의 몸에서 광채가 나는 꿈

♧풀이 : 자기의 알몸에서 광채가 나는 꿈에 대해서는 심신박약자에게서 주로 많은 체험담을 듣는다. 만약 자기의 몸에서 황금빛 광채가 난다면 길몽이지만 그렇지 않을 경우에는 흉몽이다. 황금빛 광채가 나면 부귀하게 될 징조를 예시해 주는 꿈이다. 그러나 일반적인 광채가 날 경우에는 중병을 앓게 되거나 사망하게 될 가능성이 많으므로 주의해야 한다.

♣자기의 젖가슴에 털이 나 있는 것을 보는 꿈

♧풀이 : 남자의 경우, 이는 길조이다. 하는 일이 순조롭게 잘 풀리고 사업적으로도 재수가 있다. 장사하는 사람은 많은 이득을 생각할 수가 있는 꿈이다. 그러나 여자의 경우, 자기의 젖가슴에 털이 나 있는 것을 보는 꿈은 흉몽이다. 남에게 사기를 당하거나 사업적으로 크게 손해를 보게 될 꿈이다. 이런 꿈을 꾼 여성은 특히 주의해야 할 것이다.

♣자기의 유방이 크게 부풀어 오르는 꿈

♧풀이 : 이 꿈은 주로 여성에게 많이 나타난다. 남성의 경우에는 흉몽이 되지만, 여성의 경우에는 길몽이다. 결혼한 젊은 여성의 경우에는 아이를 잉태할 꿈이며, 미혼 여성의 경우에는 혼인을 하게 될 징조를 알리는 꿈이다. 나이가 많은 부인이 이 꿈을 꾸면 사업적으로 성공하는 운이 트이게 된다. 적자 속에 머물러 있던 가계(家計)가 흑자로 변모되는 행운을 예시하는 꿈이다.

♣자기가 여러 개의 유방을 가진 꿈

♧풀이 : 꿈 속에서의 유방은 현실적으로 '섹스'와 관련된다. 따라서 이 꿈은 정상적인 이성 교제의 틀을 벗어나서 과감한 '프리 섹스'를 즐기게 된다. 그러나 흉몽인 탓으로, 정조에 파탄이 생기고 결국은 손해를 보게 된다. 여성으로서 이러한 꿈을 꿀 경우에는 특히 남자 관계에 조심하여야 한다. 처음보다는 결과가 나쁘게 되는 꿈이다.

♣자기의 젖가슴에 피가 묻어 있는 것을 보는 꿈

♧풀이 : 자기의 젖가슴에 피가 묻어 있는 더러워진 꿈은 한마디로 흉몽이다. 여성이 이러한 꿈을 꾸게 되면 출산시에 어려움을 겪게 되거나 이성 관계가 깨지게 된다. 만약 남성이 이러한 꿈

을 꾸었을 경우에는 사업적인 파탄이나 가정의 파국이 오게 되며, 우정에 금이 가는 일이 벌어지게 된다.

♣자기의 몸을 비누로 씻는 꿈
♧풀이 : 현실에서 크게 뉘우치고 회개할 일이 생긴다.

♣모포로 자기의 다리를 휘감고 자는 꿈
♧풀이 : 사귀고 있는 애인이나 이성간으로부터 헤어지게 될 징조이다. 이 경우의 헤어지는 원인은 바로 서로의 권태감 때문이다. 따라서 이러한 꿈을 꾼 후에는 이성간에 대해 가급적이면 인내심을 가지고 대하는 것이 바람직하다. 사소한 의견 충돌로도 좋지 않은 결과를 초래할 위험이 있기 때문이다.

♣코트 속에 자신의 몸을 감추고 있는 꿈
♧풀이 : 남모르는 고통 속에서 신음할 일이 생긴다. 한 마디로 흉몽에 속하는 꿈이다. 자기의 비밀이 새어 나갈까봐 걱정할 수도 있다.

♣자기의 머리가 백발이 되거나 검어진 꿈
♧풀이 : 길몽이다. 운수가 열리고 생활의 여유를 찾는다. 또한 부귀를 누릴 징조이다.

♣자기의 머리를 감는 꿈
♧풀이 : 연인이나 친구와 화해를 하게 되고, 인간관계도 원만해진다. 또한 부부가 서로의 진실을 확인하게 된다. 그 동안의 근심 걱정거리가 깨끗이 해소된다.

♣자기의 머리를 짧게 깎는 꿈
♧풀이 : 집안이 화목하지 못하고 불화가 있다. 또한 자신에게 고통을 주는 사람을 만나게 된다.

♣자기의 머리털이 빠지는 꿈, 또는 대머리가 되는 꿈

♧풀이 : 흉몽이다. 매사가 생각한대로 되지 않고 옆으로 빠진다.

♣자기가 머리털이나 수염을 뽑고 있는 꿈

♧풀이 : 돈이 들어오는 곳이 생기거나 뜻하지 않은 사람의 도움을 받게 된다. 또 생각지도 않은 일로 재산을 모을 징조이다.

♣자기가 코를 두 개 가지고 있는 꿈

♧풀이 : 연인 또는 친구와 헤어지는 일이 있거나 다투는 일이 있다.

♣자기의 코에 부상을 입는 꿈

♧풀이 : 자신을 모함하는 사람이 나타나거나 곤란을 당하는 일이 생긴다. 다른 사람에 의해서 피해를 볼 징조이다. 코피를 보는 꿈은 행운이 찾아온다.

♣자기의 입이 커지는 꿈

♧풀이 : 재물을 모으거나 선물 같은 것을 받게 된다. 입 안에 털이 난 꿈은 운이 따르고 주위 사람들의 신임을 얻게 된다.

♣입이 벌려지지 않아서 음식을 먹지 못하는 꿈

♧풀이 : 기혼녀가 이 꿈을 꾸면 구설수로 인해 고통을 받게 되고 질병을 얻을 징조이다. 입이 상하는 꿈은 집안에 재난이 닥칠 것을 암시해 주는 꿈이다.

또한 혓바닥에 털이 난 꿈은 좋은 일이 일어날 징조로 항상 마음이 평안하다.

♣자신의 얼굴에 검은 사마귀가 나는 꿈

♧풀이 : 계획한 일이 순조롭지 못할 징조로 모든 것이 귀찮아

지고   재수가 없다.

♣자신의 이마가 커다랗게 되는 꿈
♧풀아 : 출세할 징조이며 생활의 안정을 얻는다. 이마를 다치거나 부상을 당하는 꿈은 여러 사람에게 비난을 받아 고통을 당해서 마음이 편하지 못하다.

♣여러 개의 귀를 보는 꿈
♧풀이 : 진실된 마음을 주고 받을 수 있는 친구를 사귀게 되거나 존경할 만한 인물을 만난다. 귀를 깨끗하게 씻고 있는 꿈도 마찬가지이다. 쌀이나 보리가 귀로 들어가는 꿈은 다행스러운 일이 생길 징조이다.

♣자기의 수염을 면도하는 꿈
♧풀이 : 자신을 사랑하고 있다는 강한 의지를 나타낸다. 이때 면도가 잘 되지 않는 것은 자신에 대해 혐오를 느끼거나 이성을 잃었다는 것을 의미하고 있다. 집안이 편안하지 못할 징조를 알려주는 꿈이다.

♣자기의 수염을 기르는 꿈
♧풀이 : 생활이 윤택해질 징조의 꿈이고, 수염을 뽑는 꿈은 부부가 원만하지 못해서 친척과 어울리지 못하고 멀어질 징조이다

♣손톱을 보는 꿈
♧풀이 : 손톱이 짧거나 손이 작아지는 꿈은 손해를 보는 일이 있거나 속임을 당하는 일이 있다. 또한 근심거리가 생기거나 인간관계에서 고민거리가 생긴다. 손톱을 깎는 꿈은 집안이 화목하지 못하고 질병을 얻을 징조이다.

♣자기의 손등과 손바닥에 검은 털이 나 있는 꿈

♧풀이 : 일이 뜻대로 되지 않거나 근심되는 일이 있다. 계획한 일이 순조롭지 못하며, 건강이 나빠질 징조이다. 손이 다쳐서 움직일 수 없거나 화상을 입는 것 같은 꿈은 부부가 이별하는 일이 있고 생활이 점차 빈곤해질 징조의 꿈이다. 기혼녀가 이 꿈을 꾸면 원하는 일이 뜻대로 되지 않아 고통을 당하거나 심한 불안감을 느끼게 된다. 손이 작아지는 꿈은 고용인에게 이용을 당하거나 속게 되는 일이 있다.

♣자기의 팔에 털이 많이 나는 꿈

♧풀이 : 길몽이다. 모든 일이 기쁘다. 팔이 커지고 더욱 늠름해지는 꿈은 집안이 잘 되고, 병을 가지고 있는 사람은 점차로 완쾌될 조짐을 보이는 꿈이다.

♣자기의 팔에 종기가 많이 난 꿈

♧풀이 : 고통을 당하거나 고생하는 일이 있으며, 사업도 잘 안되고, 장사도 안되고, 공부도 하기가 싫어진다. 이런 때일수록 용기가 더욱 필요하다.

♣자기의 팔이 부러지는 꿈

♧풀이 : 정계에서 물러나는 일이 있거나 큰 사건을 당하게 된다. 한편으로는 병을 얻거나 부부간에 이별이 있을 암시를 보이기도 한다. 보통 오른팔이 부러지는 꿈은 자신이나 가까운 친족에게 불길한 징조이며, 왼팔이 부러지는 꿈은 외가에 불행한 일이 닥칠 징조이다. 왼팔과 오른팔이 모두 부러지는 꿈은 큰 화를 입을 암시를 주는 꿈으로 모든 일에 휴식을 취하거나 적극적인 행동은 삼가하도록 한다.

♣여러 개의 손가락이 나는 꿈

♧풀이 : 꿈 속에 나타나는 손가락은 적극적인 행동이나 새로운

세계에 대한 동경을 나타낸다. 새로운 친구를 만나거나 친구의 도움을 받는 일이 있으며, 지금과는 전혀 다른 행복한 세계를 맞이할 징조의 꿈이다.

♣자기의 손가락이 꺾인 꿈

♧풀이 : 집안에 불길한 징조로 불행을 당하거나 화를 입는 사람이 있다. 또한 자손에게 해로울 징조이다.

♣갑자기 자기의 목이 길어지는 꿈

♧풀이 : 길몽이다. 운수가 따르며 돈이 들어오는 곳이 생긴다. 선물을 받거나 초대받는 일이 생기게 된다. 목이 줄어드는 것 같은 꿈을 꾸게 되면 재수가 없다.

♣남에게 자기의 목이 졸리는 꿈

♧풀이 : 집안에 재난이 닥칠 것을 예고하는 꿈으로 흉몽이다. 결혼을 한 여성이 이러한 꿈을 꾸면 귀금속을 도난당할 징조이므로 주의해서 간직해 두어야 한다.

♣자기의 머리가 세 개 달려있는 꿈

♧풀이 : 머지않아 출세의 문이 활짝 열릴 징조로 크게 성공할 것을 암시해 주는 꿈이다.

♣자기의 온 몸이 땀으로 뒤범벅이 된 꿈

♧풀이 : 흉몽이다. 좋지 않은 일이 일어날 암시를 주는 꿈으로 모든 일에 있어서 신중을 기하여야 한다. 이때 땀을 닦아도 곤란한 정도로 계속해서 흐르는 꿈은 본인이 현재 어떠한 일로 긴장하고 있거나 흥분하고 있다는 것을 뜻한다. 또한 정신적으로 피로해지고 있다는 것을 뜻하는 경우도 있다. 여기서 땀을 닦는 것은 자신의 현 상황을 알리고 싶지 않은 마음을 가지고 있는 것

이다.

♣ 자기의 온 몸에 피고름이 흐르는 꿈

♧ 풀이 : 길몽이다. 하는 일마다 재수가 있으며 머지않아 재물이 들어올 꿈이다.

♣ 자기의 다리가 진흙탕에 빠져서 빠지지 않는 꿈

♧ 풀이 : 꿈 속에서의 다리는 남자의 적극적인 행동을 나타내는 것으로 박진감 있는 행동력을 의미하고 있다. 다리가 진흙탕에 빠져서 꼼짝 못하는 것은 항상 적극적인 행동을 취하고 싶다는 것을 뜻한다. 한편으로는 섹스에 대해 무관심하다는 것을 나타내기도 한다. 다리에 부상을 입는 따위의 꿈은 행동이 쇠퇴하는 것을 의미하고 있다. 그 외에도 포경 수술, 다시 말하면 남성적인 행동을 잃고 싶지 않다는 것을 뜻하기도 한다.

♣ 자기의 다리에서 피가 나는 꿈

♧ 풀이 : 현재 하고 있는 일이 매우 잘 될 조짐을 보이는 꿈이며, 사업이 번창하게 된다. 다리가 상한 꿈도 역시 크게 부귀할 암시를 주는 꿈이다.

♣ 눈에서 광채가 나고 천리 앞을 내다 보는 꿈

♧ 풀이 : 사업을 하는 사람은 사업이 번창할 꿈이고, 상인은 보다 많은 이익을 올리고, 시험에서는 합격할 징조를 알려주는꿈이다. 또한 흰 눈썹이 나는 꿈은 강한 리더쉽으로 다른 사람을 통솔하게 된다.

♣ 평상시에 비해 자기의 눈썹이 길어 보이는 꿈

♧ 풀이 : 자신이 사랑하고 있는 사람과의 결혼이 성공하게 되고, 부귀 영화를 누릴 꿈이다. 부녀자가 눈썹을 찔막하게 깎는 꿈을

꾸면 이사를 하게 된다.

♣ 자기의 눈이 붉게 충혈된 꿈

♧ 풀이 : 눈은 대체적으로 여성을 나타내고 있다. 충혈된 눈을 보는 것은 처녀성 상실에 대한 불안한 마음을 뜻하고 있다. 무엇인가를 잔뜩 응시하고 있는 꿈을 남자가 꾸면 공격성을 나타내는 것이고, 감시하고 있는 꿈을 꾸는 것은 도덕적 양심을 뜻한다.

♣ 넓적다리가 아름다와 보이는 꿈

♧ 풀이 : 먼 여행을 갈 징조이다. 뿐만 아니라 여행 중에 친구를 만나거나 소중한 사람을 만나게 되는 것을 나타낸다.

♣ 자신의 몸이 화상을 입는 꿈

♧ 풀이 : 추진 중인 사업이나 기타 계획한 일이 뜻밖의 기쁨을 가져다 주고, 고귀한 인물과 인연이 있을 징조이다. 혼담 중에 있는 여성이나 남성이 이 꿈을 꾸면 결혼에 대한 희망과 자신감을가지고 있다는 것이고, 자신은 상대방을 사랑하고 있다는 것을 뜻한다. 길몽이다.

♣ 자기의 몸이 노끈이나 밧줄 같은 것으로 묶여있는 꿈

♧ 풀이 : 꿈 속에서의 자신의 위치와는 반대로 모든 일이 잘풀어진다. 본인이나 집안 식구 중에 경사스러운 일이 있게 될 징조이다. 평소에 하고 싶었던 일을 추진하게 되면 좋은 일이 있을것이다.

♣ 머리가 길어서 자기의 얼굴을 가리는 꿈

♧ 풀이 : 한 마디로 말해서 길몽이다. 뜻하지 않은 사람의 도움으로 어려운 상황을 극복하는 일이 있거나 출세를 하게 될 징조이다. 뿐만 아니라 좋은 친구나 연인을 만나게 되는 등 좋은 일

이 있다.

♣ 자신의 몸이 땅 속으로 들어가는 꿈

♧ 풀이 : 꿈 속에서 땅 속으로 자신의 몸이 들어가고 있는 것은 현실적으로 고민되었던 일이나 방황했던 일에서 해방될 것을 암시해 주고 있는 것이다. 따라서 어떠한 일에 대해 결정 내리는 일이 있으며, 새로운 계획을 세우거나 마음을 새롭게 다지게 된다. 길몽이라고 할 수 있겠다.

♣ 자기가 나체가 되어 있는 꿈

♧ 풀이 : 길몽에 속한다. 재수가 있어서 그 날 하루를 즐겁게 지낼 수가 있다. 하는 일마다 기쁨이 따르고, 원했던 일이 이루어지거나 아니면 이루어질 희망이 보인다. 적극적인 자세가 필요하다.

6. 신과 영혼에 관한 꿈

♣ 하늘에서 신(神)의 음성이 들리는 꿈

♧ 풀이 : 길몽이다. 하늘이 자기를 돕고 있다는 것을 예시해 주는 꿈이다. 하는 일마다 뜻대로 진행이 되며, 많은 사람들에게 추앙을 받을 만한 명예와 지위를 얻게 된다. 이 꿈을 꾼 사람은 한마디로 선택받은 사람이다. 이러한 꿈을 꾸고 위대한 성자(聖者)가 된 사람이 많았다.

♣ 귀신이 나타나는 꿈

♧ 풀이 : 어른들의 꿈 속에 유령이나 귀신이 보이는 것은 자신의 마음 속에 동물 같은 일면이 있다는 것을 뜻한다. 귀신과 싸워서 이기면 좋고 지면 나쁘다. 싸워서 승부가 나지 않는 꿈은 잔병이 없어지고 건강해질 징조이다.

♣ 도깨비가 나타나는 꿈

♧ 풀이 : 생각지도 않은 일이 일어나거나 뜻밖의 곳에서 소식이 온다. 지옥으로 깊이 떨어지거나 귀신 때문에 공포에 떨고 있는 꿈은 앞으로 좋은 일이 많이 일어난다.

♣ 자기가 마녀가 되는 꿈

♧ 풀이 : 모든 일을 자기 뜻대로 움직이고 싶은 욕망과 이성에 대한 질투, 특히 남성에 대한 여성의 질투를 상징하는 꿈이다.

♣ 자기가 귀신과 싸움을 하는 꿈

♣ 풀이 : 귀신을 용감하게 물리치면 길몽이고, 귀신한테 지면
흉몽이다. 승부를 가리지 못하거나 단순히 싸웠다는 꿈은 몸이 건
강하게 되며 수명이 길어 장수한다. 또한 이상한 귀신이 꿈에 나
타나면 재수가 있다.

7. 책, 문구에 관한 꿈

♣ 자기가 사전(辭典)을 찾아보는 꿈

♧ 풀이 : 현실적으로 성지식(性知識)이 풍부해진다. 그 동안 눈 뜨지 못했던 이성(異性)에 눈을 뜨게 된다. 이러한 꿈은 주로 사춘기에 접어든 소년 소녀에게 많이 나타난다.

♣ 자기가 연필로 백지에 글씨를 쓰는 꿈

♧ 풀이 : 남성일 경우는 처녀와 육체 관계를 맺게 된다. 여성일 경우에는 남성에게 처음으로 몸을 허락하여 처녀성을 빼앗기게 된다. 꿈 속에서의 '글씨'는 현실에서의 '정복'을 상징하며 연필은 남성의 '성기'를, 종이는 여성의 '성기'를 각각 의미한다. 그 중에서도 아직 아무것도 쓰이지 않은 '백지'는 '처녀성'을 의미한다.

♣ 다른 책은 제쳐두고 교과서를 펴보는 꿈

♧ 풀이 : 현실적으로 고지식한 나머지 큰 발전을 기대하기어렵게 된다. 이러한 경우에는 좀더 과감한 실천과 적극적인 자세가 필요하다. 정확하고 안정된 판단은 좋지만, 스스로 움츠리다 보면 결국 날지 못하는 새가 되고 만다. 바로 눈 앞만 바라보지 말고 보다 먼 앞을 내다보고 계획을 시도하는 것이 바람직하다. 그렇다고 해서 이러한 꿈이 흉몽이 될 수는 없다.

♣ 차례대로 내용이 편집되어 있지 않은 책을 읽는 꿈

♣ 풀이 : 현실에서의 일이 순서대로 진행되지 않는다. 흉몽이라고 할 수 있다.

♣ 자기가 삼각자를 만지는 꿈

♣ 풀이 : 사귀고 있는 애인이나 마음 속으로 원하는 상대와 결합할 수 있게 된다. 꿈 속에서의 정삼각자는 여성의 성기를 뜻하고, 긴 삼각자는 남성의 성기를 상징한다.

♣ 남이 나에게 책을 주는 꿈

♣ 풀이 : 돈이 들어올 곳이 생기거나 뜻하지 않은 귀중한 선물을 받게 된다. 혼자서 열심히 책을 보고 있는 꿈은 재주가 비상한 아이를 낳을 징조이다.

♣ 책상 위에 책이 있거나 책꽂이에 책이 꽂혀 있는 꿈

♣ 풀이 : 귀인을 만나 지도를 받게 되거나 도움을 받는 일이 생긴다. 또한 지위가 높아지고 신임을 받는 위치에 서게 된다.

♣ 자기가 오색 종이를 얻는 꿈

♣ 풀이 : 뜻밖의 곳에서 돈이 들어오거나 생각지도 않은 선물을 받게 된다. 가난한 사람은 생활이 윤택해질 징조를 알려 주는 꿈이다.

♣ 서류 같은 종이를 보는 꿈

♣ 풀이 : 친구나 연인과 다투는 일이 있으며, 친척간에 불화가 있을 징조이다. 그러나 불에 증서나 서류를 태우는 꿈은 주식이나 채권이 생기고 재산을 모으게 된다.

♣ 자기가 원고지에 무언가를 쓰고 있는 꿈

♣ 풀이 : 자신이 잘못을 저지르고 있다거나 거짓말을 하고 있다는 것을 뜻한다. 글씨가 제대로 써지지 않는 것은 도덕적 양심이

자신을 꾸짖거나 제지하고 있는 것을 의미하고 있다.

♣ 자기가 신문을 읽고 있는 꿈

♧ 풀이 : 꿈 속에서 신문에 난 기사를 읽고 있는 것은 자신이 의식하고 있지 못한 내면의 변화를 나타내는 것이다. 이를테면 유명한 인물이 나있는 기사는 자신의 내면 속에 그러한 일면이 있다는 것을 뜻하고 있다.

♣ 자기가 필기도구를 얻거나 사는 꿈

♧ 풀이 : 친구 관계가 원만하고, 성적이 우수하다. 다툰 친구를 사귀기도 한다. 학교 성적이 우수해서 칭찬을 받거나 상장을 받는 일이 있다. 이것은 학생의 꿈에 나타나는 것이 대부분이다.

♣ 글씨를 깨끗이 쓰려고 해도 잘 써지지 않는 꿈

♧ 풀이 : 열심히 노력은 하지만 보람이 없다. 자신의 의견을 웃사람이 무시해 버리는 일이 있기도 하고, 작품이나 자신에게 맡겨진 일을 완성시키기는 하지만 오히려 꾸중을 듣게 된다. 미혼녀가 이 꿈을 꾸면 사귀고 있는 이성이 싫어질 징조이다.

8. 집과 건물에 관한 꿈

♣ 자기 집 대문이 커 보이거나 높아 보이는 꿈

♧ 풀이 : 길몽이다. 큰 부자가 되거나 높은 자리를 차지하게 될 징조이다. 셀러리맨은 승진할 운세이며, 미혼 여성은 훌륭한 배필을 만나는 행운을 얻게 된다. 한 마디로 복이 저절로 굴러들어오는 운세를 예시해 주는 꿈이다.

♣ 자기 집 대문이 저절로 활짝 열리는 꿈

♧ 풀이 : 길몽이다. 복이 굴러들어올 꿈이다. 가만히 앉아 있어도 도와주는 사람이 나타난다.

♣ 자기 집 문이 잠겨서 들어갈 수 없는 꿈

♧ 풀이 : 불길한 징조이다. 하는 일마다 실패하게 된다. 한마디로 운수가 막히는 꿈이다.

♣ 자기 집 문을 다시 만들어 다는 꿈

♧ 풀이 : 태몽이다. 귀한 아들을 낳을 꿈이다. 아들이 장차 커서 큰 인물이 될 것을 예시해 주고 있다.

♣ 자기 집 문이 저절로 망가지는 꿈

♧ 풀이 : 흉몽이다. 도둑을 맞거나 집안에서 일하는 하인이나 식모가 주인 물래 물건을 훔쳐서 달아날 징조이다. 이러한 꿈을 꾸었을 때에는 매사에 주의하여야 한다.

♣ 자기 집 대문 앞에 도랑이 생기는 꿈

♧ 풀이 : 좋지 않은 꿈이다. 하는 일마다 마음대로 되지 않는다. 방해되는 일이나 방해하는 사람이 나타나서 자기의 일을 방해하게 된다. 진퇴양난의 어려운 궁지에 빠지게 되는 불길한 운세이므로 조심해야 한다.

♣ 남의 집 문이 꼭 닫혀 있는 것을 보는 꿈

♧ 풀이 : 다른 사람과 다툴 일이 생긴다. 친했던 사람과 절교하여 내왕이 끊기는 사태를 맞이하게 된다. 흉몽이다.

♣ 돌로 만들어진 문을 보는 꿈

♧ 풀이 : '석문(石門)'은 '수명'을 상징한다. 따라서 이와 같은 꿈을 꾸게 되면 장수하게 된다.

♣ 자기의 집을 팔고 사는 꿈

♧ 풀이 : 집을 파는 꿈은 운이 대통하고, 반대로 집을 사는 꿈은 오래 살 징조이다.

♣ 자기의 집을 짓는 꿈

♧ 풀이 : 모든 일에 기쁨이 있으며 즐거움이 있다. 계획한 일이 어려움을 당할 때 협조자가 나타나 성공을 거두게 된다.

♣ 자기가 집을 깨끗이 청소하는 꿈

♧ 풀이 : 손님이 찾아오거나 먼 곳에서 기쁜 소식이 온다. 또한 배필을 맞아들이거나 식모 또는 하숙생을 들이게 된다.

♣ 자기의 집안이 가난해 보이는 꿈

♧ 풀이 : 길몽이다. 모든 일이 순조로우며 뜻대로 진행된다. 귀인을 만나서 크게 성공을 하게 된다.

♣ 자기의 집안에 풀이 잔뜩 나 있는 꿈
♧ 풀이 : 흉몽이다. 집안에 좋지 않은 일이 일어날 불길한 징조로 재산을 탕진하는 사람이 있다.
소나무와 잣나무가 집안에 나 있는 꿈은 오래 살 징조이다.

♣ 자기의 집을 가지고 남과 다투는 꿈
♧ 풀이 : 흉몽이다. 정신적인 고민을 하게 되며, 모든 일이 뜻대로 되지 않아서 심신이 고달프게 된다.

♣ 자기 집의 대들보가 무너지는 꿈
♧ 풀이 : 흉몽이다. 뜻하지 않은 어려움을 겪거나 다른 사람의 모함에 의해서 직위를 잃는 일이 있으며 사랑하는 사람을 잃게 될 징조이다.

♣ 화려하게 꾸며진 커다란 궁성을 보는 꿈
♧ 풀이 : 길몽이다. 모든 일에 운이 따르고 기쁜 일이 많이 일어난다. 또한 큰 계획을 세우거나 중요한 일을 맡게 된다.

♣ 자기 집 마당에 큰 길이 나 있는 꿈
♧ 풀이 : 길몽이다. 운수가 대통하고 재수가 있다. 자신이 모든 일에 소극적으로 대하면 적극적으로 일을 처리해서 도와주는 사람이 나타나는 등 출세의 길이 활짝 열릴 징조이다. 다른 한편으로는 자신이 사회를 위해 큰 봉사를 하게 된다는 것을 뜻하기도 한다.

♣ 건물에 불이 나서 활활 타오르는 것을 보는 꿈
♧ 풀이 : 꿈 속에서 불길이 세찰수록 계획한 일이 순조롭게 진행된다. 그러나 활활 타오르는 불을 끄려고 한다든지 끄고 있는 꿈은 자신의 일에 새로운 방해물이 나타나게 될 징조이다. 만약

쉽게 불이 꺼졌다면 이것은 자신의 작품이나 사업에 실패할 것을 암시하는 꿈이 된다.

♣자기가 여관에 들어가는 꿈

♧풀이 : 진행하고 있는 일이 능력 부족으로 중단되는 사태를 맞이할 꿈이다. 꿈 속에서 자기가 여관에 들어갔다가 곧장 밖으로 나오는 꿈은 길몽이다. 그런 경우에는 협력자를 만나 어려운 일을 풀어나갈 수 있는 실마리를 찾게 된다.

♣낡은 집으로 이사를 가는 꿈

♧풀이 : 꿈 속에 나타나는 낡은 집과는 반대로 새로운 사람을 맞아들이게 된다는 것을 암시해 주는 꿈이다. 머지않아 새로운 배필을 얻게 되거나 식모, 자취생, 하숙생이 들어오게 될 징조이다.

♣자신의 집에 높은 누각을 세우는 꿈

♧풀이 : 한 마디로 길몽에 속한다. 그동안 마음 속으로 계획한 일이 척척 진행되고, 모든 일에서 즐거움을 느끼게 된다. 시험을 앞둔 사람이 이 꿈을 꾸는 것은 합격이 될 징조를 알려주는 것이다.

♣자기가 높은 누각에서 술을 마시고 있는 꿈

♧풀이 : 한 마디로 길몽에 속한다. 어렵게 살던 사람에게 주식이나 채권 등이 생기고 뜻밖의 곳에서 돈이 들어올 징조를 알려주는 꿈이다. 뿐만 아니라 노력한 보람이 있어서 부귀영화를 누리게 된다.

♣집을 새로 사서 이사를 하는데 전에 살고 있는 사람이 집을 비워주지 않는 꿈

♧풀이 : 현실적으로 매우 당황할 일이 생긴다. 다른 사람의 비위 사실을 자기 자신이 뒤집어 쓰는 결과를 초래할 사건이 일어날 수도 있다. 이러한 꿈을 꾸었을 때에는 특히 자신의 행동거지를 밝고 분명하게 하지 않으면 안된다. 특히 누명을 쓰지 않도록 인간 관계에 주의하는 것도 바람직하다.

9. 옷과 악세서리에 관한 꿈

♣자기가 입고 있는 짧은 **치마가 바람에 날려 걷혀져 속살이** 보이는 꿈

♧풀이 : 머지않아 남성에게 자신의 알몸을 과시하게 된다. 적극적이고 열렬한 데이트가 있게 되고 결국 만족한 성적(性的) 결합이 이루어지게 된다.

♣자기가 입고 있는 **옷이 닳아서 해지는 꿈**

♧풀이 : 미혼 남녀일 경우에는 사귀고 있는 애인이 변심하게 된다. 기혼자일 경우에는 아내나 남편이 바람을 피우게 된다. 자칫 잘못하면 이별하게 되므로 각별히 주의하지 않으면 안된다.

♣자기가 **호주머니를 꿰매는 꿈**

♧풀이 : 길몽이다. 소비가 감소되고 저축이 늘어나는 것을 예시해 주는 꿈이다. 장사를 하거나 사업에 투자한 사람은 이익금이나 배당금이 늘어난다.

♣자기가 **슬리퍼를 신고 다니는 꿈**

♧풀이 : 머지않아 바람 피울 기회가 생긴다. 만약 꿈 속에서 자기의 부인이나 또는 남편이 슬리퍼를 신고 다니는 꿈은 현실적으로 부인이나 남편이 바람을 피우는 것을 예시하는 것이다.

♣자기가 입고 있는 **옷의 단추가 저절로 끌러지는 꿈**

♧풀이 : 원하는 일이 순조롭게 이루어지거나 계획한 일이 목표

대로 달성되는 것을 예시해 주는 꿈이다. 가만히 있어도 주위 사람들이 스스로 도와주는 운세이기도 하다. 사업가일 경우 보다 과감하게 도전하면 큰 성과를 얻을 수 있을 것이다.

♣자기가 베를 짜거나 또는 베짜는 모습을 보는 꿈

♧풀이 : 이 꿈은 태몽이다. 그러나 여자 아이를 잉태할 꿈이다. 만약에 들에 나가 곡식을 거두어 들인다든지 산에 가서 나무를 하는 광경을 보거나 체험하게 되는 꿈을 꾼다면 그것은 남자 아이를 잉태할 꿈이다. 그러나 길쌈에 관계되는 꿈을 꾸면 그것은 여자 아이에 대한 태몽이 된다.

♣자기가 손수건을 남에게 주는 꿈

♧풀이 : 여성일 경우 남성에게 몸을 허락하게 된다. 남성일 경우 사귀던 여성과 헤어지게 될 것을 예시해주는 꿈이다. 이런 꿈은 그다지 흉몽은 아니지만 그렇다고 길몽일 수도 없는 꿈이다. 현실에서 조금 더 적극적이고 정확한 판단을 하는 것이 중요할 것이다.

♣남에게서 손수건을 얻는 꿈

♧풀이 : 흉몽이다. 꿈속에서 '손수건'은 현실에서의 '여성'을 상징한다. 그렇다고 이 꿈이 '여성을 얻는'것을 예시하는 꿈은 아니다. 꿈 속에서 손수건을 얻으면 현실적으로 중병을 앓게 된다. 이러한 꿈을 꾸었을 때는 특히 주의 환경을 청결하게 하고 건강 관리에 힘써야 한다.

♣더러워진 셔츠를 세탁하는 꿈

♧풀이 : 현실적으로 사귀고 있는 이성(異性)과 헤어지고 새로운 애인을 사귈 꿈이다.

♣자기가 샌달을 신고 걸어가는 꿈

♣풀이 : 현실적으로 모험을 할 일이 생긴다. 샐러리맨은 직장을 옮긴다든지, 사업가는 신제품 개발에 뛰어든다든지, 또는 미혼 여성일 경우에는 애인을 바꾸어 본다든지 하는 일들이 빚어질 징조이다. 그러나 흉몽은 아니다.

♣자기가 혁대를 차고 의관을 쓰는 꿈
♣풀이 : 길몽이다. 생각지도 않은 친구를 만나거나 귀인을 만나서 지도를 받는 일이 생긴다. 또한 집안에 경사스러운 일이 일어날 징조이다.

♣자기의 혁대가 없어진 꿈
♣풀이 : 직장을 잃거나 연인 또는 친구와 헤어질 징조이다. 또한 부부가 서로 이별할 수이다. 결혼한 여성이 혁대를 두르고 의관을 써 보는 꿈을 꾸면 재주가 비상한 아이를 낳는다.

♣자기가 실을 바늘에 꿰고 있는 꿈
♣풀이 : 길몽이다. 웃사람에게 신임을 받거나 사랑을 받게 된다. 바늘과 실을 얻는 꿈을 꾸면 원하던 일이 이루어진다.

♣다른 사람에게 실이나 솜을 주는 꿈
♣풀이 : 흉몽이다. 사랑하는 사람과 이별하게 되거나 부부가 이별할 수이다. 또한 비단이나 실을 다른 사람에게 주는 꿈도 상서롭지 못하다.

♣헝클어진 실을 푸는 꿈
♣풀이 : 계획한 일이 뜻대로 되지 않는다. 그러나 실망하지 않고 계속 밀고 나가면 성공할 수 있다. 엉킨 실이나 헝클어진 실을 보는 꿈은 남과 의견 충돌이 잦아서 말다툼이 일어날 징조이다.

♣자기의 손이 바늘에 찔리는 꿈

♧풀이 : 연인이나 친구에게 다른 사람이 나타나거나 아내가 딴
마음을 먹는다. 바늘이나 실을 얻는 꿈은 재수가 있다.

♣자기가 새옷을 만드는 꿈

♧풀이 : 새로운 이성을 만나거나 혼담이 들어온다. 또한 결혼
한 사람일 경우에는 자신의 마음을 이끄는 사람이 나타나 고통
을 받게 된다.

♣ 자기가 더러운 옷을 입고 많은 사람들 앞에 나서는 꿈

♧풀이 : 출세를 하지만 사람들로부터 비웃음을 당하거나 명예

나 관직을 잃을 징조의 꿈이다. 또한 계획한 일이 실패로 끝나게
된다. 풀로 옷을 만들어서 입는 꿈은 나를 도와주는 사람이 나타
날 암시를 주는 것이며, 베로 짠 옷을 입는 것은 시비를 가려야
할 일이 있다는 것을 암시해 주는 꿈이다.

♣자기가 새 옷을 만들어서 입는 꿈
♧풀이 : 이성이나 새로운 친구를 사귀게 되며 혼담이 들어온
다. 또한 새로운 일에 손을 대게 된다. 아낙네가 좋은 옷을 입고
있는 꿈은 남에게 피해를 주는 일이 있으며, 이옷 저옷을 입어보
는 꿈은 흉몽이다.

♣남에게 좋은 옷을 주는 꿈
♧풀이 : 희망봉을 쳐다보고 걸어가는 중에 길을 막는 자를 만
나게 되거나 완전히 실망해서 주저앉는 일이 생긴다.

♣갑자기 자기가 신고 있는 구두가 닳아서 해지는 꿈
♧풀이 : 연인이나 아내와 다투는 일이 있으며, 배신감을 진하
게 느끼는 일이 생긴다. 구두가 저절로 벗겨지는 꿈 역시 좋지
않다.

♣자기가 붉은 비단 옷을 입고 있는 꿈
♧풀이 : 크게 출세할 징조이며, 좋은 직장을 얻거나 좋은 배
필을 얻는다. 식모라든가 일을 하는 사람을 맞아들이게 된다.

♣자기가 입고 있는 옷의 색깔을 다른 색깔로 바꾸는 꿈
♧풀이 : 좋지 않은 일이 일어날 암시의 꿈으로 이사를 가는 수
가 생기거나 여자로 인해 출세의 길이 막힌다. 미혼녀가 이 꿈을
꾸면 혼담이 들어온다.

♣바람으로 옷소매가 나부끼고 있는 것을 보는 꿈

♧풀이 : 건강에 이상이 있을 수이고 옷소매가 어딘가에 걸려서 찢어지는 꿈은 아내와 이별할 수이다. 자신의 옷을 여자가 입혀주면 모든 일이 순조롭게 진행될 암시를 주는 꿈이다.

♣소파에 물이 고여서 양복이 얼룩진 꿈

♧풀이 : 잠시 휴식을 취하고 싶다는 마음을 뜻한다. 또한 몹시 흥분되고 있다는 것을 나타내는 것으로 자신이 어느 누구에 대해 질투심과 시기심, 강한 경계를 가지고 있다는 것을 의미하기도 한다.

♣자기가 검은 상복이나 흰 옷을 입어 보는 꿈

♧풀이 : 꿈 속에서의 상복은 자신이 죽고 싶다는 것을 의미하는 것이 아니고, 현재 자신의 위치를 새롭게 바꾸어 보고 싶다는 것을 뜻한다. 직장을 얻거나, 독신자는 배우자를 만나게 될 징조의 꿈이다.

♣바지가 흘러 내리는 꿈

♧풀이 : 꿈 속에서는 일반적으로 바지를 입지 못한다. 모든 일이 재미 있으며, 희망이 있고, 곧 희망봉에 도달할 암시의 꿈이다. 길몽이다.

♣자신의 옷을 여자가 입혀주는 꿈

♧풀이 : 계획했던 일이 순조롭게 진행되고 원하던 일이 척척 이루어진다. 또한 새 집을 사서 이사할 징조를 알려주는 꿈이다.

♣스스로 자기 옷을 입는 꿈

♧풀이 : 흉몽이다. 친구를 잃는 일이 생기거나 다른 사람에의해서 곤란을 당할 징조이다.

♣자기의 옷과 몸에 진흙이 묻는 꿈

♧풀이 : 질병을 얻게 되며, 구설수가 있을 징조이므로 조심성 있게 행동해야 한다.

♣진흙탕에 넘어져서 옷이 더러워지는 꿈

♧풀이 : 임신한 부인이 어렵게 해산을 하게 되며, 소매가 진흙 으로 더러워지면 비난을 받거나 손가락질을 당하게 된다.

♣신발을 벗고 걷는 꿈

♧풀이 : 자신이 어릴 적에 아무 생각없이 뛰어다니던 것처럼 어느 누구에게 구속 당하지 않고 자유롭게 되고 싶다는 것을 뜻 한다. 즉 자신이 어떠한 일에 대해서 불안한 마음을 가지고 있거 나 걱정되는 일이 있다는 것을 암시해 주는 꿈이다.

♣흰 손수건이나 깨끗한 옷을 더럽히는 꿈

♧풀이 : 청결하고 청순한 숫처녀를 범하고 싶은 욕망이 있거 나, 순결을 잃은 자신에 대한 얄미운 마음을 뜻한다. 또한 자신 의 몸이 더러워서 불안하고 숨기려고 하는 꿈은 그러한 자신을 원망하거나 걱정, 반성을 하는 것을 의미하고 있다.

♣자기가 더럽혀진 옷을 입고 대중 앞에 나서는 꿈

♧풀이 : 믿었던 직장을 잃게 되거나 명예를 잃게 되며 실패할 일이 생길 징조이다. 그러므로 계획이 있었던 일은 조만간 뒤로 미루고 잠시 휴식을 취하는 것이 좋다. 옷이 더럽혀지는 꿈은 은 인을 잃게 될 좋지 않은 꿈이다.

♣ 자기가 구두를 신는 꿈

♧풀이 : 꿈 속에서 구두를 신는 것은 다리는 남성을 뜻하고 구두는 여성을 뜻하는 것으로 사회적으로 승인된 이성에 대한 성적 욕망을 가리킨다. 빨간색의 구두를 싣는 꿈은 자신이 부인

이나 연인을 사랑하고 있다는 애정을 나타내는 것이며, 또한 더 바랄 것이 없다는 것을 뜻한다. 발에 맞는 구두가 없다든가 찾을 수 없는 것 같은 꿈은 성에 대해서 혐오를 나타내고 있다는 것을 뜻한다.

♣떨어진 신발을 신는 꿈
♧풀이 : 본인이나 가까운 사람들 중에 누군가가 병을 얻게 될 징조이며, 친척이 이사를 가서 뿔뿔이 헤어지게 된다. 그리고 신발을 잃어버리는 꿈은 하는 일마다 재수가 없으며, 신발을 얻는 꿈은 귀인을 만나 좋은 일이 일어날 징조를 알려주는 꿈이다.

♣기혼 여성이 간호원 복장을 하고 있는 꿈
♧풀이 : 결혼하기 전에 어떠한 남자에게 하나의 공포심을 가지고 있었다는 것을 뜻한다.

♣가방 속에다 물건을 집어 넣는 꿈
♧풀이 : 현실에서 원하는 이성과의 접촉이 이루어질 꿈이다. 길몽이다.

♣어떠한 가방인지 기억나지 않는 꿈
♧풀이 : 모든 일이 귀찮아질 징조이다. 따라서 일상적인 일도 다만 흥미없이 진행한다. 의무 이행에 이상이 있을 것을 암시해 주는 꿈으로 유의해야 한다.

♣가방 속을 열고 들여다 보는 꿈
♧풀이 : 흉몽이다. 여러 사람들의 입에 오르내리게 되고, 정신적으로 고통을 받는 일이 있다.

♣해어진 가방을 수선하는 꿈
♧풀이 : 한 마디로 길몽이다. 계획한 일이 순조롭게 진행되고

새로운 일을 결심하게 된다. 사업이 번창하고 모든 일이 뜻대로 된다.

♣벗어 놓은 옷이 없어진 꿈
♏풀이 : 자신이 항상 입고 있던 옷을 잃어버리는 것은 현실에 서도 귀중한 인물이라든가 물건, 지위 등을 잃어버리게 될 징조 이다. 부부가 이별하는 일이 있으며, 연인이나 친구에게 새로운 사람이 나타나게 된다. 재산을 탕진 또는 잃어버려서 생활의 빈 곤을 가져오기도 한다.

♣자기가 애인의 옷을 벗기는 꿈
♏풀이 : 자신이 애착을 가지고 있던 물건을 소유하기 위해서 계획을 세우게 될 징조이다.

♣자신에게 물을 부어도 옷이 젖지 않는 꿈
♏풀이 : 다른 사람의 감언이설에 속아 넘어가지 않는다는 것을 뜻한다. 또 자신과 사상이나 성격이 다른 사람이 자기의 의지를 관철해와도 이에 굴복하지 않는다는 것을 뜻하는 것으로 현실에 서 자신을 유혹하는 상대가 있다는 것을 의미하기도 한다. 길몽 에 속한다.

♣바람이 불어와서 모자가 날아가는 꿈
♏풀이 : 현실적으로 자신이 양심에 꺼리는 일을 계획하고 있다 든가 죄를 저지르고 있다는 것을 뜻한다. 따라서 머지않아 관계 기관으로부터 압력을 받아서 끝까지 일을 밀고 나가지 못하게 된 다.

♣다른 사람이 나에게 모자를 주는 꿈
♏풀이 : 길몽이다. 새로운 일에 뛰어들거나 더 좋은 직장을 구

하게 된다. 또한 본인에게 지금과는 다른 일거리가 주어질 징조이다.

♣자기집의 신발장에 많은 신발이 놓여있는 꿈
♧풀이 : 자신이 도와주고 싶은 사람이라든가 사회를 위해 봉사하고 싶다는 것을 뜻한다. 현실에서는 이와 반대로 자신이 많은 도움을 필요로 하는 일이 있게 되며, 실제로 많은 협력자가 나타난다.

♣자신의 옷이 맞지 않는 꿈
♧풀이 : 자신이 욕구불만에 가득 차 있다는 것을 뜻한다. 집안이 화목하지 못하고 친구나 연인 아내가 싫증이 날 징조이다. 직장을 옮기는 일이 있거나 이사를 가게 되고 집에서 나와 자취 또는 하숙을 하는 경우도 있을 수 있다.

♣자신의 신을 잃어버리는 꿈
♧풀이 : 친척이 멀어지거나 믿었던 사람이 자기 곁을 떠나는 일이 있다. 또한 동업자나 협조자가 다른 일에 의해서 잠시 손을 떼는 일이 있으며, 사업이 잘 처리되지 않는다. 뿐만 아니라 친구 또는 연인이 자신을 배반했다는 생각을 가지게 되는 경우도 있다.

♣자기가 쓰고 있는 안경이 저절로 벗겨져 두 눈이 드러나보이는 꿈
♧풀이 : 이 꿈은 한 마디로 '복(福)의 문(門)이 활짝 열리는 운세'를 예시하는 꿈이다. 집안에 경사가 겹치고, 자기 개인에게도 영광스러운 일이 생긴다. 미혼 남녀일 경우에는 훌륭한 배필을 만나 화락한 가정을 꾸미게 된다. 기혼자일 경우에는 사업확장이나 승진, 승급 등이 이루어지고 명성을 얻게 된다.

♣자기의 옷이 바람에 날리는 꿈

♧풀이 : 건강에 이상이 있거나 구설수가 있을 징조이다. 본인 또는 식구 중의 한 사람이 질병을 얻게 되고, 공연한 구설수에 의해서 고통을 당하게 된다.

♣수가 놓아진 비단 옷을 입고 있는 꿈

♧풀이 : 집안이 화목하고 형제 간에 우애가 돈독하다. 따라서 집안에 영화가 있을 징조로 자손에게 복이 있어서 좋은 일이 있을 것을 암시해 주는 꿈으로 길몽에 속한다.

♣해어진 옷을 입고 있는 꿈

♧풀이 : 꿈 속에서의 자신이 풍요롭게 보이지 않는 것처럼 현실에서도 물질적으로나 정신적으로 빈곤하다. 아직 결혼을 하지 않은 남자가 이 꿈을 꾸면 자신에게 맞지 않은 여자를 아내로 맞아들이게 될 것이며, 결혼한 남성일 경우에는 부인과 다투는 일이 있게 되며 아내로부터 남편의 대우를 받지 못한다. 또한 다른 사람의 옷을 입고 있는 꿈은 걱정거리가 생길 것을 암시해 주고 있는 꿈이다.

♣자기가 웃옷을 입고 있는 꿈

♧풀이 : 많은 사람들이 자기를 좋아하고 함께 어울리고 싶어하는 사람이 많다는 것을 상징하는 꿈이다. 현실적으로 많은 사람이 자기를 신임하게 되고, 초대하는 곳이 있으며, 도와주는 사람이 주위에 많이 있게 될 징조이다. 이 꿈은 매우 좋은 길몽이다.

♣빨간 색깔의 옷을 입고 있는 사람이 많이 있는 꿈

♧풀이 : 자신의 의견을 친구가 들어주지 않게 된다. 때문에 친구와 다투는 일이 있고, 심하면 서로 헤어지는 일까지 있게 된다. 다른 한편으로서는 웃사람과 의견 충돌로 인해서 신임을 잃든지

아니면 연인과의 사이가 원만하지 못해서 헤어지게 될 것이라는
것을 예시하는 꿈이기도 하다. 빨간 옷이 아니고 푸른 옷일 경우
에는 매우 귀한 손님이 찾아오게 된다.

♣자기의 옷을 벗고 있는 꿈

♧풀이 : 옷을 하나하나 벗고 있는 꿈은 불만스러웠던 자신의
위치나 생활을 탈피하고 싶다는 평소의 감정이 그대로 꿈 속에
나타난 것이다. 실제로 원하고 있던 바가 머지않아 이루어질 암
시를 주는 꿈이다. 모든 일에 기쁨이 따르고 뜻하지 않은 출세
를 하게 된다. 매우 좋은 길몽이다.

10. 돈과 재물에 관한 꿈

♣자기가 반지를 사서 손가락에 끼는 꿈

♧풀이 : 배우자를 골라 결혼하게 된다. 만약 반지를 사기 위해 상점을 돌아다니는 꿈을 꾸었다면, 이는 현실적으로 배우자를 고르는 단계이다.

♣자기가 물건을 파는 꿈

♧풀이 : 물건을 팔거나 사는 꿈은 스스로가 어른이 되었다는 것을 상징하거나 사랑할 수 있는 사람을 구하고 있다는 뜻이 된다. 따라서 물건을 팔고 사는 당시의 상황에 의해서 성숙도가 표현된다. 이를테면 점원과 실강이를 벌이거나 잔돈이 모자라는 꿈은 자신이 아직 성숙해야 한다는 것을 나타내며, 점원을 불렀는데 나오지 않거나 맘에 드는 물건을 돈이 모자라서 살 수 없는 것 같은 꿈은 자신의 매력에 대해서 자신이 없거나 불안한 마음을 뜻하고 있다. 물건을 팔고 있는 꿈은 경사스러운 일이 생기거나 잔치 집에 초대를 받아 후한 대접을 받을 징조를 알려주는 꿈이다.

♣곡물을 계량해 보이는 꿈

♧풀이 : 골치 아팠던 일이 시원스럽게 해결되거나 계획하는 일이 순조롭게 진행될 꿈이다. 또한 협의 과정에 있는 일이 성립되거나 계약이 이루어질 수도 있다. 이러한 꿈은 대체적으로 길몽에 속한다.

♣집을 팔고 사는 꿈

♣풀이 : 자기가 살던 집을 남에게 파는 꿈은 아주 좋은 일이 생길 징조를 알려주는 꿈이다. 현실에서 어떠한 일이 성취되며, 계약이나 협의하는 일 등이 이루어질 꿈이다. 대길몽이다. 또한 남의 집을 자기가 사는 꿈은 장수할 꿈이다. 이러한 꿈도 역시 길몽이다.

♣돈이 생기는 꿈

♣풀이 : 꿈 속에서 돈은 일반적으로 애정을 나타내고 있다. 많은 돈이 생기는 꿈은 현실적으로 뜻하지 않은 재산을 모으게 되거나 귀중한 선물이 들어오고 계획한 일이 뜻대로 진행된다. 그러나 적은 돈이 생기는 꿈은 반대로 생활이 곤란해지고 모든 일이 뜻대로 되지 않는다.

♣금이나 은 구슬을 가져 보는 꿈

♣풀이 : 생각지도 않은 곳에서 돈이 들어오며, 뜻밖의 도움을 받는 일이 생긴다. 성공적으로 일을 추진하게 되며 행운이 찾아온다.

♣보물이 산더미처럼 쌓여 있는 꿈

♣풀이 : 흉몽이다. 모든 일이 뜻대로 되지 않고 실패할 확률이 많다. 품 안에 보물을 가득 안고 있는 꿈도 매사가 순조롭지 못하며 재물을 잃을 징조이다.

♣자기가 재물을 다른 사람에게 나누어 주는 꿈

♣풀이 : 친구와 다투는 일이 있거나 사랑하는 사람과 헤어지게 되며 집안에 불화가 있을 징조이다.

♣보석을 배속에서 입으로 토해내는 꿈

♣풀이 : 자신을 크게 도와 주는 사람이 나타나거나 본인이 다른 사람을 돕는 일이 있게 된다. 또한 금이나 은으로 그릇을 만들고 있는 꿈은 길몽으로 부귀를 누릴 징조이다.

♣금이나 은, 또는 돈으로 곡식과 바꾸는 것을 보는 꿈
♣풀이 : 건강이 좋지 않게 되며, 질병을 얻을 징조를 알려주는 꿈이다.

♣자기가 돈을 줍는 꿈
♣풀이 : 대체로 꿈 속에서의 돈은 애정을 나타낸다. 돈이 많아지는 것은 애정의 농도가 짙어지는 것이다. 따라서 돈을 줍는 것은 자신이 애정에 굶주리고 있다는 것을 뜻한다. 또한 돈을 빌리거나 은행에 가는 꿈은 애정이 결핍되어서 애정을 갈망하고 있다는 것을 나타낸다.

♣사고 싶은 물건이 있지만 돈이 넉넉하지 못한 꿈
♣풀이 : 이성과의 관계가 무언가 불안하고 좋지 못하다는 것을 뜻하고 있다. 돈을 빌리러 가는 경우 금액이 자신의 나이를 가리키는 때가 있다. 이를테면 서른 두 살 먹은 사람이 만원 짜리 석장과 천원짜리 두장을 손에 쥐고 있는 경우도 있으며, 다른한편으로는 서른 두 살이라는 연령과 애정 문제가 있다는 것을 뜻하기도 한다.

♣강철이나 무쇠로 만든 돈을 보는 꿈
♣풀이 : 봄, 여름에 이 꿈을 꾸면 좋은 일이 일어나고 가을이나 겨울에 꾸면 흉몽이다. 꿈에 동전을 얻는 것은 머지않아 큰 부자가 될 징조이다.

♣자기가 돈지갑을 줍는 꿈

♧풀이 : 돈지갑은 대체로 여성이나 애정을 나타내며, 여성에 대해 호기심을 가지고 있는 것을 상징한다.

♣자기가 돈지갑을 열어보는 꿈

♧풀이 : 성적 충동이 강하다는 것을 뜻하며, 지갑 속에 아무것도 있지 않는 꿈은 이성과의 접촉이 없는 쓸쓸함을 나타낸다. 돈지갑을 떨어 뜨렸다가 없어졌을 경우는 애정의 낭비벽을 암시하거나 애정이 결핍된 생활을 나타낸다.

♣도둑이 물건을 훔쳐가는 것을 보는 꿈

♧풀이 : 생각지도 않은 횡재를 하게 되거나 의외의 사람을 만나서 혼사가 이루어지고 귀자를 얻을 징조이다. 꿈 속에서 나타나는 도둑은 자신이 품고 있는 성적인 몽상을 뜻한다. 무서움에 떠는 것은 고조되어 오는 성적인 욕망을 이길 수가 없다는 것을 의미한다. 도둑이 자신에게 해를 가하지 않고 나간 것은 성적인 욕망에 따라 몸을 맡기고 싶은, 즉 동물 같은 인간이 되고 싶다는 일시적인 감정을 의미하고 있다. 또한 소매치기를 당하는 꿈은 자신의 성적 충동을 도덕적 양심과 이성으로 억제하고 있는 것을 암시해 주는 것이다.

♣ 자기가 도둑과 어울리는 꿈

♧ 풀이 : 사업을 하는 사람은 크게 번창하고, 상인은 많은 이익을 보고 수험생은 합격하게 된다. 길몽이지만 자신이 도둑질을 하는 꿈은 병을 얻게 되어 좋지 않다. 도적이 의복을 훔쳐가면 환자가 있는 집에서는 완쾌될 조짐이 나타날 것이다. 또한 도둑이 집 안으로 들어 오면 그 동안 좋지 않았던 일이 사라지게 된다.

♣ 도둑이 칼에 찔려서 피를 흘리는 꿈

♧ 풀이 : 사업가는 더욱 번창할 것이며 뜻하지 않은 곳에서 돈

이 들어 오며, 행운이 찾아온다.

♣ 내가 남에게 옷을 나누어 주는 꿈

♧ **풀이** : 직장을 잃거나, 밥벌이하는 직업을 그만 두게 될 징조이다. 흉몽에 속한다.

♣ 집안의 재물을 다른 사람에게 나누어 주는 꿈

♧ **풀이** : 집안이 망하거나 친지들이 사방으로 흩어질 것을 예시해 주는 꿈이다. 몹시 불길한 꿈이다.

♣ 집안에 있는 선반의 받침대가 부러져 보이는 꿈

♧ **풀이** : 이런 꿈은 주로 여성 쪽에 많이 나타난다. 머지 않아

처녀성을 상실하게 될 것을 예시해 주는 꿈이다. 처녀가 아닌 경우에는 강간 당할 위험이 있다. 항상 신변에 관한 조심을 하여야 한다.

♣ 설합 속에 넣어둔 물건을 도난당하는 꿈

♧ 풀이 : 여성의 경우에는 현실에서 자신의 정조를 빼앗길 위험을 안고 있다. 남성의 경우는 사업상의 비밀을 타인에게 노출 시키는 결과를 초래할 위험이 있다. 이런 꿈을 꾼 후에는 모든 일에 정확성을 기하고, 주의해야 할 것이다.

♣ 귀한 사람으로부터 선물을 받는 꿈

♧ 풀이 : 대길한 꿈이다. 남성일 경우에는 입신출세하게 되며 여성일 경우에는 훌륭한 남성을 만나 좋은 인연을 맺게 된다.

♣ 남으로부터 물고기를 선물받는 꿈

♧ 풀이 : 먼 곳에 있는 반가운 사람으로부터 소식이 올 것을 예시해주는 꿈이다.

♣ 남으로부터 사냥 도구를 선물받는 꿈

♧ 풀이 : 남의 도움을 받게 된다. 이 꿈 역시 길몽이다.

♣ 남으로부터 거울을 선물받는 꿈

♧ 풀이 : 이 꿈은 태몽이다. 훌륭한 자식을 낳을 징조이다.

11.서류와 신분증에 관한 꿈

♣ 검문소에서 신분증을 제시 받는 꿈

♧ 풀이 : 이러한 꿈은 사실 그다지 흔하지 않은 꿈이다. 만약 검문소에서 신분증을 검사할 때 신분증을 빨리 찾지 못하여 당황하거나, 신분증을 갖고 있지 않아 곤혹스런 감정에 빠진다면, 이 꿈은 결코 길몽이 될 수가 없다. 꿈 속에서의 검문소는 현실적으로는 사회적인 관문을 상징한다고 볼 수 있다. 가령 취직시험에 응시한다든지, 또는 어떤 원고를 제출하여 사회적인 평가를 받는다든지 하는 경우를 의미한다. 꿈 속에서 만약 신분증을 찾지 못하여 검문소에서 통과되지 않는다면 현실적으로도 자격을 인정받지 못하게 된다. 그러나 신분증을 쉽게 찾아내어 무사히 통과하게 되면 현실적으로도 시험에 합격하거나 사회적인 관문을 무사히 통과할 수 있게 된다.

♣ 자기가 교통 경찰관에게 면허증을 제시하는 꿈

♧ 풀이 : 현실적으로 시험대에 오르게 된다. 작가의 경우에는 원고를 발표하여 독자의 평가를 받게 되고, 수험생의 경우에는 합격 여부를 기다리게 된다. 미혼 여성의 경우는 맞선을 보게 되며, 샐러리맨은 진급 대상에 오르게 된다.

그러나 여기에서 중요한 것은, 꿈 속에서의 상황이다. 교통 경찰관에게 제시한 면허증이 무사히 통과되면 현실에서도 흡족한 결과를 얻게 되지만, 만약 교통 법규 위반 등의 제지를 당하게 되

면 현실에서도 만족한 결과를 얻을 수가 없다.

♣ 집배원으로부터 우편물을 전해받는 꿈

♧ 풀이 : 자기 자신의 과거가 남에게 알려지게 된다. 그다지 기분좋지 않는 꿈이다.

♣ 자기가 남에게 우편물을 전해주는 꿈

♧ 풀이 : 꿈 속에서의 상대가 상징하는 현실의 상대에 대한 자기의 의구심이 심화되는 것을 예시한 꿈이다. 가령 아내나 친구 등에 대한 과거를 추적하여 알게 되는 일 등이다.

♣ 편지를 넣어 겉봉투를 봉하는 꿈

♧ 풀이 : 자신이 생각해 두었던 일을 성공적으로 끝내거나 계획한 일을 순조롭게 밀고 나가는 것을 예시해 주는 꿈이다.

♣ 다른 사람이 편지를 가져 오는 꿈

♧ 풀이 : 소송 사건이 생기거나 다른 사람과 다투는 일이 있고 속상한 일을 당하게 된다.

12. 가재도구에 관한 꿈

♣ 가구를 집안으로 들여놓는 꿈

♧ 풀이 : 꿈 속에서의 집 또는 건물은 사람의 몸을 뜻한다.   따라서 가구는 집에 딸린 부착물이므로 사람의 몸의 각 부위로 볼 수가 있다.   여기서는 새로운 배필을 맞이할 징조를 알려주는 꿈이다.   이러한 경우 물론, 모두가 다 배필을 맞이한다는 것은 아니다. 새로운 하숙생을 들인다든지, 새로운 사람이 셋방으로 들어 온다든지 하는 경우도 이 꿈에 해당한다.   또한 새집을 사서 이사할 수도 있는 꿈이다.   아무튼 길몽임에는 틀림이 없다.

♣ 가구를 집안에서 밖으로 내어 나가는 꿈

♧ 풀이 : 머지않아 집안의 가까운 사람이 죽거나 중병을 앓고 병원에 입원할 꿈이다.   그다지 좋지 않은 꿈이다.

♣ 이부자리를 어지럽히는 꿈

♧ 풀이 : 친구나 연인을 잃는 일이 있거나 부부가 이별하는 일이 있으며, 직장을 잃고 실직하는 일이 있으므로 매사를 빈틈없이 처리해야 한다.

♣ 자기가 이부자리를 펴고 잠을 자는 꿈

♧ 풀이 : 모든 일이 순조로와서 마음의 평안이 온다. 침구 같은 것이 파괴되고 떨어지는 꿈은 아내가 병들어서 죽을 징조이다. 또한 담요 같은 이부자리를 찢는 꿈은 불길하다.

♣ 자기의 침구에 피가 묻어있는 꿈

♧ 풀이 : 집안이나 자신에게 재난이 닥쳐오고 아내가 바람을 피워서 이별하는 일이 생긴다. 이부자리에 개미 같은 벌레가 모여드는 꿈은 모든 일에 있어 항상 근심이 따른다.

♣ 자기가 방을 새롭게 정리하는 꿈

♧ 풀이 : 혼담이 성사되고, 식모나 일하는 사람을 들이게 된다. 침상같은 이부자리가 문밖으로 나가면 아내나 해로운 일이 생긴다.

♣ 병풍이 둥글게 둘러쳐 있는 꿈

♧ 풀이 : 친척이나 주위 사람이 큰 병을 얻게 될 것을 암시해주는 꿈이다. 포개진 병풍을 보는 것은 장사를 하면 많은 돈이 들어 온다는 것을 알려주는 꿈으로 길몽이다.

♣ 발을 새로 사들이는 꿈

♧ 풀이 : 좋은 친구를 만나거나 귀인을 만나게 될 징조이며, 행동거지가 올바른 여성을 아내로 맞아들이게 된다.

♣ 이부자리를 펴는 꿈

♧ 풀이 : 꿈에 이부자리를 펴는 것은 졸리거나 휴식을 취하고 싶다는 것을 암시하는 것으로 모든 일이 순조롭게 진행되어 마음의 평안을 얻는다.

♣ 돗자리를 깔고 노는 꿈

♧ 풀이 : 사랑하는 사람을 확인하고 싶다든지 섹스에 대한 동경심을 나타낸다. 돗자리를 새로 들이면 좋은 여성을 만나서 행복한 삶을 누린다.

♣ 남비에 물을 부어서 부글부글 끓이는 꿈

♧ 풀이 : 일상 생활에 여성들이 많이 사용하는 솥이나 남비는 일 반적으로 여성을 상징한다. 물이 부글부글 끓고 있다는 것은 성적 인 흥분상태를 뜻하는 것이다. 남비에 불을 붙였는데 금방 꺼졌다 고 하는 것은 성적인 몽상을 하고 있지만 좀체로 흥분 상태에 이 르지 못하는 것을 의미한다. 남비에 끓이는 물건이 넘쳐서 흐르 면 큰 재물을 얻을 수 있는 기회를 잡게 되며, 솥이나 남비 밑에 서 물이 나오는 꿈도 역시 재물이 생긴다. 아궁이에 솥을 걸고 불 을 지피는 꿈은 이름을 널리 빛낼 꿈이다.

♣ 솥이나 남비가 깨지는 것을 보는 꿈
♧ 풀이 : 식구 중의 한 명이 죽게 되거나 질병을 앓을 징조이며, 뜻밖의 재난을 당하게 되므로 항상 조심해야 한다.

♣ 솥이 집밑에 놓여 있는 꿈
♧ 풀이 : 모든 일이 생각대로 되어주지 않으며, 만사가 귀찮아 진다. 이때는 얼마동안 휴식을 취하는 것이 바람직한 행동이다. 부엌을 뜯어 고치고 솥도 새 것을 장만하는 꿈은 재수가 있다.

♣ 거울에 자신의 모습을 비추어 보는 꿈
♧ 풀이 : 자신의 육체적인 매력에 스스로 도취하거나 자기가 사 랑하는 사람에게 보여주고 싶은 마음을 나타낸다. 자기 자신을 아 름답게 보이고 싶은 욕망이 있을 경우에는 너무나도 아름다운 여 자가 거울 속에 나타나는 꿈을 꾸기도 한다.

♣ 거울이 깨지는 것을 보는 꿈
♧ 풀이 : 머지 않아서 부부가 이혼하게 될 징조이며, 집안에 좋 지 않은 일이 일어난다.

♣ 거울을 얻는 꿈

♣ 풀이 : 좋은 아내를 곧 만나서 행복하게 살 꿈이며, 귀한 자식을 볼 징조이다.

♣ 매우 훌륭한 책상이나 장롱이 방안에 가득한 꿈

♣ 풀이 : 길몽이다. 생활에 여유가 생기고, 자신을 돕는 관계 기관이나 뜻하지 않은 사람을 만나게 된다. 또한 지위, 신분이 높아지고 주위의 선망의 대상이 된다.

♣ 아무도 들어가지 못하도록 자물통으로 채운 문을 열쇠로 들어가는 꿈

♣ 풀이 : 자신의 애정에 대해 냉정하게 대하던 여성을 소유하게 되고, 많은 사람이 깜짝 놀랄만한 일을 혼자서 해내게 될 징조이다.

♣ 남이 돗자리를 짜는 것을 보는 꿈

♣ 풀이 : 머지않아 자신이 다른 사람과 함께 사업을 하거나 작품을 만들게 될 징조이다. 또한 친구가 삼각관계로 인해 고민을 하게 되는 것을 보기도 하고, 열성적으로 하나의 일에 덤벼드는 사람을 보게 되기도 한다.

♣ 항아리를 싼 비닐을 자기가 벗겨내는 꿈

♣ 풀이 : 이러한 꿈을 남성이 꾸었다면 사귀고 있는 여성의 처녀성을 빼앗을 징조를 예시해 주는 꿈이다. 여성이 이러한 꿈을 꾸었을 경우에는 자신의 처녀성을 조만간에 빼앗기게 될 징조임을 암시해 주는 꿈이다.

♣ 수건을 본 꿈

♣ 풀이 : 자신을 싫어하거나 미워하는 사람이 생기게 된다. 또한 남과 다툴 일이 벌어지며, 자기가 구설수에 오르게 된다. 이러한 꿈을 꾸었을 때에는 항상 행동거지를 바르게 하고, 말조심, 몸조심을 하여야 한다.

♣ 가위를 본 꿈

♣ 풀이 : 재물이 생기게 된다는 것을 암시해 주는 꿈으로 길몽이다. 주식이 생기고 뜻하지 않은 선물을 받게 된다. 따라서 생활의 여유가 없던 사람이 이 꿈을 꾸면 생활이 윤택하게 되어서 마음의 여유까지 가질 수 있게 된다.

♣ 시장에서 톱을 사서 집으로 가지고 오는 꿈

♣ 풀이 : 이 꿈은 흉몽에 속한다. 자기 자신의 행동에 대해 남이 신뢰해 주지 않는다. 또한 가까운 이웃이나 친척, 또는 친구 사이에 사소한 일로 시비를 일으킬 일이 벌어진다. 이러한 꿈을 꾸었을 때는 특히 남의 구설수에 휘말리지 않도록 각별히 주의하지 않으면 안된다. 특히 자기가 남을 비방하는 일은 금물이다.

13. 성(性)과 섹스에 관한 꿈

♣ 남에게 강간을 당하는 꿈
♧ 풀이 : 재물을 얻게 될 꿈이다. 길몽에 속한다. 꿈 속에서의 '성행위'는 현실에서의 '창조성'을 상징한다. 남에게 강간을 당하는 꿈은 결국 남으로 인하여 재물을 얻게 되는 현실을 예시 해 주는 꿈으로 해몽하는 것이 바람직하다.

♣ 자기가 남의 아내를 애무하는 꿈
♧ 풀이 : 길몽이다. 주위 사람들의 부러움을 사는 경사가 겹칠 징조이다. 재물과 명성이 한꺼번에 들어오는 운세를 예시해 주는 꿈이다.

♣ 다른 사람과 성교를 하는 꿈
♧ 풀이 : 평소에 원했던 일이 현실화 되고, 바라던 일들이 이루어진다. 마음 속에 그려오던 이성(異性)과의 결합이 이루어질 수도 있다.

♣ 자기가 다른 사람과 육체관계를 맺으며 잔치를 베푸는 꿈
♧ 풀이 : 미혼일 경우 머지않아 혼담이 이루어지고 결혼이 성사된다. 기혼일 경우에는 만사가 뜻하는대로 이루어지며 가정이 화락할 징조이다. 길몽이다.

♣ 여성이 피부가 검은 남성과 육체 관계를 맺는 꿈
♧ 풀이 : 길몽이다. 원하는 일이 순조롭게 이루어질 꿈이다. 이

러한 꿈은 특히 재물과 관계가 있다. 횡재할 수 있는 운세로서 생각지도 않은 많은 돈이 수중에 들어오게 된다. 만약 꿈속에서 육체 관계를 하는 정도가 격렬하면 격렬할수록 현실적으로 좋은 일이 겹친다.

♣ 다른 사람의 아내와 함께 앉아 있는 꿈
♧ 풀이 : 길몽이다. 계획한 일이 막힘없이 순조롭게 진행되고 모든 일에 기쁨이 따른다.

♣ 나이가 적은 사람과 육체 관계를 맺는 꿈
♧ 풀이 : 현실에서도 자기보다 못한 사람과 동업을 하거나 어울리게 된다. 따라서 하고자 했던 일이 잘 추진 되지 않으며 작은 일거리를 가지고 고민을 하게 되거나 뜻하지 않은 어려움을 당하게 될 징조이다.

♣ 술집에서 기생을 희롱하는 꿈
♧ 풀이 : 건강에 이상이 생길 징조이다. 특히 기력(氣力) 부족으로 나타나는 노쇠병에 유의하여야 한다.

♣ 상대방이 자기 하복부를 응시하고 있는 꿈
♧ 풀이 : 원하는 상대와 실제적인 육체 관계가 있게 된다.

♣ 자기가 비누로 거품을 일으키는 꿈
♧ 풀이 : 꿈 속에서의 거품은 현실에서의 성적(性的) 자위 행위를 상징한다. 이러한 꿈을 꾸게 되면 현실적으로는 성적(性的)인 비밀을 남에게 노출시키는 국면을 맞이하게 된다. 가령 비밀리에 데이트를 하다가 아는 사람에게 발견 당한다든지 하는 부끄러운 일이 주위에 알려지게 될 징조이므로 몸가짐에 특히 주의해야 한다.

14. 질병에 관한 꿈

♣ 자기가 병원에서 의사에게 진찰을 받는 꿈

♧ 풀이 : 꿈 속에서의 진찰 행위는 현실에서 자신의 결점에 관한 노출을 상징한다. 따라서 이러한 꿈을 꾸었을 때는 현실적으로 기밀 유지에 만전을 기해야 한다. 자기 자신이 모르는 가운데 자신의 비밀이 타인에게 새어나가고 있다는 것을 예시해 주는 꿈이다. 특히 경쟁자를 가진 사업 경영주는 사업 정보 관리에 세심한 주의를 요해야 할 것이다.

♣ 주사나 침을 맞는 꿈

♧ 풀이 : 자신을 새장 속의 새처럼 타인이 마음대로 하려고 하는데 대한 불안감이나 초조감을 나타낸다. 이때 주사바늘이 잘 들어가지 않는 것은 자신은 어떠한 일이 있어도 남에게 이끌리는 삶은 살지 않는다는 확고한 태도를 의미한다.

주사를 맞았는데 주사액이 나와버리는 꿈도 이와 마찬가지로 해몽할 수 있다.

♣ 손이나 발에서 피고름이 나는 꿈

♧ 풀이 : 계획한 일이 순조롭게 진행되고 사업이 번창한다. 또한 상인은 장사가 잘 된다.

♣ 자신이 병에 걸려 고생하는 꿈

♧ 풀이 : 재수가 있으며 행운이 찾아온다. 뜻하지 않은 좋은 일

을 당하게 될 징조이다.

♣ 건강이 좋지 않은 사람이 약을 먹는 꿈
♧풀이 : 몸이 건강해 질 징조이다. 또한 환자가 크게 소리내서 울고 있는 꿈은 건강을 해치거나 병이 쉽게 회복되지 않으며 모든 일이 순조롭지 못하다는 것을 예시해 주는 꿈이다.

♣ 환자가 좋은 옷을 입고 뛰어다니는 꿈
♧풀이 : 믿었던 사람이 배신을 하거나 자신을 모함, 또는 시기하는 사람이 나타난다. 또한 꿈 속에서 중한 병을 가지고 있는 사람을 보면 재수가 없다.

♣ 눈이 먼 사람이 눈을 뜨는 것을 보는 꿈
♧풀이 : 운수가 따르고 모든 일이 재미가 있다. 그러나 장님을 만나는 일은 순조롭지 못할 징조이므로 적극적인 자세보다는 소극적인 자세가 좋다.

♣의사를 보는 꿈
♧풀이 : 자신이 바라고 있지 않은 일을 무리하게 시키려고 하는 부모나 상관 등을 상징하는 꿈이다. 꿈 속에서는 보통 돌팔이 의사로 보인다.

♣귀뿌리가 끊기거나 귀에 부상을 입는 꿈
♧풀이 : 믿고 있던 사람이나 가까이 지내고 있던 사람에게서 배신을 당하거나 속는 일이 있으며, 집안이 평안하지 못할 징조이다. 커다란 귀나 아름다운 귀를 보는 꿈은 부귀를 누리고 직장을 얻거나 진급이 된다.

♣자기가 문둥이가 되거나 몸에 이상이 있는 꿈
♧풀이 : 미혼녀는 돈많은 남자에게 시집을 갈 운세이고 재물

이 생긴다. 몸에 빛이 나는 꿈은 황금빛이라면 재수가 있고 그렇지 않다면 병이 위급한 상태에 이르렀다는 것을 뜻한다.

♣ 귀가 먹어서 들리지 않는 꿈

♧풀이 : 걱정이나 근심이 되었던 일이 말끔히 해소되어서 마음의 편안을 찾을 징조이다.

♣ 자신이 불구가 된 꿈

♧풀이 : 길몽이다. 그러나 사회 생활 또는 자신의 생활에 회의를 느끼고 산 속이나 먼 곳으로 떠나는 일이 있다. 불구자나 병신을 보는 꿈은 앞으로 고생이 있다는 것을 암시해 주는 것이다.

♣ 자기가 남에게 얻어 맞는 꿈

♧풀이 : 몸이 튼튼해지고 앓던 병이 곧 완쾌될 징조의 꿈이다. 다른 사람이 나에게 화를 내어서 상처를 입히는 꿈은 운이 따르고 재수가 있다.

♣ 남에게 얻어맞아 귀에 부상을 입는 꿈

♧풀이 : 가까운 사람이나 친척 간에 불화가 있을 징조이며, 믿고 있던 사람에게서 배신을 당하거나 실망하는 일이 생긴다.

♣ 발이나 손에 상처를 입히는 꿈

♧풀이 : 사랑하는 사람이나 친구들과 헤어져야 할 일이 생기며 부부간에 이별할 징조를 예시해 주는 꿈이다. 도끼나 칼로 상처를 입으면 계획하는 일마다 실패할 것을 암시해 주는 꿈이므로 주의할 필요가 있다.

♣ 한쪽 눈에 부상 입는 꿈

♧풀이 : 자신은 무엇이 옳고 그른지 판단을 할 수 없을 정도로 이성을 잃고 있다는 것을 뜻한다. 후회할 일이 생길 징조이다.

♣머리가 지끈지끈 아픈 꿈

♧풀이 : 모든 일이 즐거우며, 뜻대로 일이 잘 풀어진다.   또한 다투었던 친구에게서 사과 편지를 받게 된다.

♣자기의 머리에 뿔이 난 꿈

♧풀이 : 의견이 맞지 않은 다른 사람과 다투는 일이 생기거나 싸움을 할 징조의 꿈이다. 또한 출세의 문이 열리거나 부귀영화를 누리게 된다.

♣자기의 머리를 자르는 꿈

♧풀이 : 길몽이다. 계속해서 좋은 일이 일어날 징조를 알려 주는 꿈이다. 걱정되었던 일이나 고민거리가 깨끗이 해소되고 얄미운 사람이 좋아지게 된다.

♣자기의 넓적다리를 다치는 꿈

♧풀이 : 나를 결코 위로하지 못하는 타향에서 병을 얻어서 더욱 방황의 길을 걷게 되지만, 머지않아 깨끗하게 완쾌된다. 만약 미혼자가 이 꿈을 꾸었을 경우에는 얼마 안있어 일생을 함께 걸어 갈 사람이 나타나게 되고 기혼녀가 이 꿈을 꾸었을 경우에는 상처를 입거나 자식을 잃을 징조이니 특히 유의해야 한다.

♣자신이 체해서 몹시 배가 아픈 꿈

♧풀이 : 현실적으로 불쾌한 것을 보거나 체험하게 될 징조이다. 다른 한편으로는 자신이 처리하기에 어려운 일을 맡게 되는 수도 있다.

15. 음식물에 관한 꿈

♣자기가 도시락을 먹는 꿈
♧풀이 : 꿈 속에서의 도시락은 현실에서의 '성기(性器)'를 뜻한다. 도시락 그 자체는 '여성기(女性器)'를, 도시락 안에 든 음식물은 '남성기(男性器)'를 상징한다. 따라서 도시락을 먹는 꿈은 성행위를 하게 될 것을 예시해주는 것이다.

♣자기가 우유를 배불리 먹는 꿈
♧풀이 : 운세가 강해지는 길몽이다. 재산이 늘어나고 지위가 올라갈 꿈이다. 학생은 성적이 향상되고, 기업가는 매출액을 늘려 성장하며, 샐러리맨은 직위가 향상되고 급료가 인상된다. 작가는 좋은 작품을 발표하여 독자층을 많이 확보하게 되며, 연예인은 인기 상승세를 타게 된다. 꿈 속에서의 '우유'는 현실에서의 '성장'을 상징한다.

♣자기가 오징어를 씹어 먹는 꿈
♧풀이 : 이러한 꿈은 주로 여성에게 많이 나타난다. 남성과의 적극적인 육체 관계를 갖고 싶은 성적(性的) 욕망이 꿈 속에서 표출된 것이다. 현실에서도 그 욕망은 실현된다.

♣샌드위치를 입 안에 넣는 꿈
♧풀이 : 이러한 꿈은 주로 여성에게 많이 나타난다. 섹스에 능한 남성을 원하고 있는 자신의 잠재 의식이 꿈 속에서 표출된

것이다. 실제적으로 원하는 남성이 나타나게 되며, 소망을 이루
게 된다.

♣자기가 맥주를 마시는 꿈
♧풀이 : 대인관계에서 실패하게 된다. 남에게 속임을 당하거
나, 남을 믿지 못하는 불상사를 초래하는 일이 일어난다.

♣자기가 조개를 열고 있는 꿈
♧풀이 : 재주가 비상한 아이를 낳을 징조로 남자가 이 꿈을 꾸
면 아들을 얻는다. 꿈에 소라가 나타나는 것은 친족이 흩어지는
일이 있거나, 연인이나 친구 또는 형제가 이별하는 일이 있다.

♣자기가 떡을 먹고 있는 꿈
♧풀이 : 꿈 속에서 음식 종류를 먹고 있는 것은 인간의 여러
가지 욕망을 나타낸다. 간절히 바라고 있던 바가 이루어질 것이
며, 성공을 하게 된다. 불에다 떡을 구어 먹고 있는 꿈은 계획한
일이나 계약한 것이 말썽이 있다. 밥을 배가 부르도록 먹는 꿈은
점점 부자가 될 징조이다. 꿈 속에서의 '떡'은 현실에는 주로 재
물을 상징한다.

♣자기가 만두를 먹는 꿈
♧풀이 : 구설수에서 해방되고 고통이나 걱정거리가 해소 된다.
만두를 보는 꿈은 좋은 일이 있을 징조이다.

♣자기가 엿을 먹는 꿈
♧풀이 : 흉몽이다. 불길한 징조로 모든 일이 순조롭지 못하다.
젖을 먹는 꿈은 길몽으로 좋은 일이 있다.

♣자기가 불고기를 먹는 꿈
♧풀이 : 길몽이다. 계획한 일이 순조롭게 진행된다. 불에 익히

지 않고 날것으로 먹는 꿈은 좋지 않다.

♣소금이나 식초, 술 등을 보는 꿈

♧풀이 : 운수가 활짝 열리고, 하는 일마다 칭찬과 기쁨이 따른다. 매사가 자신에 넘쳐 있고, 진행이 순조롭다. 소금을 먹어 보는 꿈은 재수가 있다. 수명이 길다.

♣자기가 식초를 먹어 보는 꿈

♧풀이 : 많은 사람들로부터 눈총을 받게 되며, 식초를 만들고 있는 꿈은 사랑하는 사람의 아기를 가질 징조이며, 식초를 선물로 받으면 먼 곳에 있는 형제의 소식을 듣게 된다.

♣물고기나 새를 요리해 먹는 꿈
♧풀이 : 친구나 연인의 도움으로 일을 성취하게 되며, 귀인을 만나서 지도를 받거나 인생 경험을 하게 된다.

♣자기가 안마사에게 안마를 해받는 꿈
♧풀이 : 다른 사람에게 질투를 느끼고 있다거나 또는 열등감을 이겨내고 싶은 마음 상태를 상징한다.

♣신선에게서 약을 받거나 침을 맞는 꿈
♧풀이 : 집안이 화목하거나 모두 건강을 유지해서 평안한 가정을 이룬다.

♣산삼이나 약초를 먹는 꿈
♧풀이 : 고민했던 일이나 걱정거리가 해소되고 즐거운 일이 생긴다. 길몽이다.

♣식사를 하고 있는 꿈
♧풀이 : 꿈 속에서 식사를 하고 있는 것은 여러가지의 불만스러웠던 일을 충족하고 싶은 욕망을 뜻한다. 따라서 유명한 인사와 식사를 하고 있는 꿈은 자신의 권력욕을 나타낸다.

♣죽은 사람과 밥을 먹는 꿈
♧풀이 : 모든 일이 생각한대로 진행될 징조를 알려주는 꿈이다. 계획한 일도 순조롭다. 귀인과 음식을 먹는 꿈은 하는 일마다 재수가 있다.

♣고기를 먹는 꿈
♧풀이 : 생선이나 새 종류의 고기를 익혀서 먹는 꿈은 바라던 바가 이루어질 꿈이고, 돼지 고기를 먹는 것은 질병이 생길 징조의 꿈이다. 또한 고기를 날로 먹으면 불길하다.

♣사과를 먹는 꿈
♧풀이 : 여성의 경우에는 웃음이 있을 것이며, 설익은 사과를 먹으면 다투는 일이 생긴다.

♣파인애풀을 먹는 꿈
♧풀이 : 먼 곳에 있는 친구에게서 소식이 오거나, 소원이 성취된다. 결혼한 여성이 이 꿈을 꾸면 좋은 일이 많이 일어나고 덜 익거나 맛이 들지 않은 것을 먹는 것은 어떠한 일에 대해 시비가 일어날 징조이다.

♣자기가 밥을 많이 먹는 꿈
♧풀이 : 저축을 많이 하게 되거나 돈이 많이 들어와서 부자가 될 징조를 알려주는 꿈이다.

♣자기가 떡을 만들어 먹고 있는 꿈
♧풀이 : 평소에 간절히 원하고 있던 일이 이루어 지거나 사회를 위해 봉사하는 일이 생기게 된다. 또한 일평생을 함께 할 배필을 만날 징조이다.

♣떡이나 빵 종류를 불에 굽고 있는 꿈
♧풀이 : 흉몽이다. 믿었던 사람에게서 실망을 느끼거나 기다렸던 사람을 만나지 못하는 일이 있으며, 친구나 사랑하는 사람과의 약속이 깨지게 된다.

♣자기가 만두를 먹는 꿈
♧풀이 : 어떠한 일에 대해서 구설이 있으나 곧 자신의 진실이 알려지고 오해가 풀리게 된다. 만두를 보았는데 먹지 않는 꿈은 앞으로 좋은 일이 일어날 징조이다.

♣자기가 달거나 신 과일을 먹는 꿈

♣풀이 : 재물을 잃게 되거나 친구와 이별하는 일이 생기게 된다. 또한 가깝게 지내던 사람이 사망할 징조를 알려주는 꿈이다.

♣감추어 두었던 호도를 찾아내는 꿈
♣풀이 : 생각지도 않은 곳에서 재물이 들어오거나 선물이 들어오게 된다.

♣자기가 호도를 먹는 꿈
♣풀이 : 신경이 날카롭게 곤두서고 모든 일이 불쾌하지만 그날 하루만 지나면 원 상태를 회복한다.

♣자기가 젖을 먹는 꿈
♣풀이 : 길몽이다. 돈이 들어오는 곳이 생기며, 남에게 도움을 받거나 지위가 올라간다. 그러나 꿀이나 엿을 먹는 꿈은 좋지 않은 일이 일어날 암시로 모든 일이 뜻대로 되지 않는다.

♣차 끓이는 방법을 배우는 꿈
♣풀이 : 찻잔은 여성을 상징하고 찻숟갈은 남성을 나타낸다. 차를 올바르게 끓이는 의식을 갖추게 되는 것은 규칙과 예를 존중하는 것으로 성적인 욕망을 억제하지 않으면 안된다는 것을 암시하고 있다. 결국 성적인 욕망이 일어나기는 하지만 규칙이나 예를 존중한 후에 행해야 한다는 이성적인 자제력을 요구하고 있는 것이다.

♣과일을 보거나 먹는 꿈
♣풀이 : 잘 익은 과일 같은 것은 여성을 상징한다. 따라서 나무에서 과일을 따는 꿈은 강한 성적 욕망을 나타내는 것으로 연인을 범하고 싶다든가 마음에 있는 여성을 유혹하고 싶은 욕망을 나타낸다. 과일이 썩어있는 것은 성병에 대한 두려움과 좋지 못

한 장소를 뜻한다.

또한 밤을 먹는 꿈은 부부 간이나 사랑하는 사람과 이별하는 일이 생기게 되며, 모과를 먹는 꿈은 재물을 모으고, 수박을 먹는 꿈은 본인이나 가까운 사람들 중에 질병이 나타날 징조이다. 가지를 먹는 꿈은 지금 하고 있는 일이 성공을 하게 되지만 가지를 남에게 주어버리는 것은 흉몽이며 재산을 잃게 된다.

♣자기가 빨간 색의 열매를 따 먹고 있는 꿈
♧풀이 : 애착이 갔던 건물이나 물건을 소유하게 되거나 평소에 마음에 두었던 여인을 자기 것으로 만들게 될 징조이다.

♣설익은 과일을 남이 나에게 주는 꿈
♧풀이 : 사회를 위해 봉사하는 일이 있거나 자신을 아껴주는 사람이 나타난다. 신분이 올라가거나 자신에게는 과분하다고 생각되는 일이 있게 될 징조이다. 길몽이다.

♣밤에 벼를 탈곡하고 있는 것을 보는 꿈
♧풀이 : 일반적으로 자기가 가입하고 있는 클럽이나 어떠한 단체가 원만하게 운영되고 있다는 것을 상징하고 있는 꿈이다. 관직에 있는 사람이 이 꿈을 꾸면 나라가 태평스러운 것을 보게 되고, 보통 사람의 경우에는 집안이 화목하고 마음이 편안해진다.

♣보리나 쌀이 길거리에 흩어져 있는 것을 본 꿈
♧풀이 : 곡식이 흩어져 있는 꿈은 대체로 좋지 않다. 본인에게 좋지 않은 일이 있든지, 아니면 식구 중의 한 사람이 질병을 얻게 될 징조이다. 어떠한 큰 계획을 세우고 있는 사람이 이 꿈을 꾸면 계획한 일이 원만하게 진행되지 않는 것을 예시하고 있는 것이다.

♣자기가 마늘을 먹고 있는 꿈

♣풀이 : 본인에게 좋지 않은 일이 일어나든지 아니면 가족에게 불행한 일이 있을 징조를 알려주는 꿈이다. 계획한 일이 잘 풀어지기는 하지만 전혀 이익이 되지 않아서 재미가 없게 되고 근심만 늘어간다. 모든 일을 신중히 처리해야 할 것이다.

♣가마솥에 밥이 가득 차 있는 꿈

♣풀이 : 꿈 속에서 밥이 가득 차 있는 것은 집안에 재물이 가득 들어온다는 것을 예시해 주고 있는 꿈이다. 집이 없이 세를 살고 있는 사람은, 그렇게 원했던 자기의 집을 갖게 된다. 사업가의 경우에는 크게 성공해서 이름을 날릴 것을 예시하는 꿈이다.

16. 술과 잔치에 관한 꿈

♣자기가 잔치 집에서 술에 취해 쓰러지는 꿈
♧풀이 : 계획한 일이 뜻대로 되지 않고 연인과 다투는 일이 있
거나 걱정거리가 생긴다.

♣자기가 많은 사람들과 연회하는 꿈
♧풀이 : 뜻하지 않은 사람과 인연이 닿게 되며, 생활이 점점 윤
택해져서 부귀를 누릴 징조이다.

♣술잔이나 찾잔 등이 깨지는 것을 보는 꿈
♧풀이 : 타인의 눈을 의식하지 않고 자신의 생각대로 밀고나
가는 사람을 뜻하거나 귀찮은 일에서 벗어나 자신은 자유롭게 하
늘을 향해 두 팔을 벌리고 싶다는 잠재의식을 상징하기도 한다.

♣자기가 술에 만취되어 쓰러지는 꿈
♧풀이 : 건강이 나빠질 것을 암시해 주는 꿈이다. 자신의 건
강에 신경을 써야 한다.

♣자기가 술에 취해서 길 위에 눕는 꿈
♧풀이 : 신임했던 사람이 배신을 하거나 다른 사람의 계략에
말려들 징조이다. 남과 다투면 고통이 따른다.

♣자기가 술을 마시며 신나게 노는 꿈
♧풀이 : 병을 얻을 징조이며, 남과 논쟁을 벌이는 일이 있고,

크게 후회할 일이 있으니 매사에 신중을 해야 한다.

♣자기가 술에 취해서 우물이나 구덩이로 빠지는 꿈
♧풀이 : 자신을 미워할 사람이 나타나거나 모함하는 사람이 있다. 머지않아 재판을 받을 일이 있을 징조를 알려주는 꿈이다.

♣다른 사람과 함께 술을 마셨는데 자기 혼자만 술에 취해서 쓰러지는 꿈
♧풀이 : 신임을 하고 있던 사람에게 배반을 당하거나 다른 사람에게 속임을 당하고, 병을 얻을 징조이다.

♣남에게 술을 주는 꿈
♧풀이 : 좋지 않은 일로 많은 사람의 입에 오르내리게 되고 여자에게 모욕을 당할 징조이다. 그러나 남에게 초청을 받아서 술을 먹는 꿈은 장수를 누린다.

♣시장에서 아는 사람을 만나 술을 마시는 꿈
♧풀이 : 길몽이다. 올바른 행동가짐으로 인해 많은 사람들로부터 칭송을 받거나 기쁜 일이 있다.

♣시장에서 술을 마시며 놀고 있는 꿈
♧풀이 : 길몽이다. 모든 일이 재수가 있으며 특히 사업이 번창할 꿈이다. 그러나 경솔하게 행동해서는 실패하기 쉬우므로 항상 올바르게 일을 처리해야 할 것이다.

17. 배설물에 관한 꿈

♣색깔이 검은 똥을 보는 꿈

♧풀이 : 흉몽이다. 원래 똥의 색깔은 누런 빛이다. 그런데 그 색깔이 변색되었다거나 검어졌다면 그것은 좋지 않은 일이 일어날 징조이다. 매사에 주의하지 않으면 안될 꿈이다.

♣자기가 변기통 속에 빠져서 나오지 못하는 꿈

♧풀이 : 건강에 대한 위험신호이다. 중병에 걸리거나 죽게 된다. 따라서 건강에 특히 신경을 써서 주의해야 한다.

♣누런 똥이 자기의 몸을 덮치는 꿈

♧풀이 : 한 마디로 운수 대통하는 길몽이다. 많은 재물이 생긴다.

♣자기가 변기통 속에 빠졌다가 밖으로 나오는 꿈

♧풀이 : 길몽이다. 꿈 속에서의 '똥'은 현실에서의 '돈'을 상징한다. 따라서 자기가 변기통 속에 빠졌다가 밖으로 나오는 꿈은, 한 마디로 재물이 생길 꿈이다. 사업가는 큰 이익을 보게 되며, 샐러리맨은 급료가 인상된다.

♣대변과 소변을 잃어버리는 꿈

♧풀이 : 꿈에서 대변이 나타나는 것은 돈과 애정을 뜻하고 있다. 꿈 속에서는 조금도 불쾌한 냄새를 풍기지 않는다. 따라서 대변과 소변을 도난당하는 꿈은 재산을 탕진하게 될 징조이다. 이

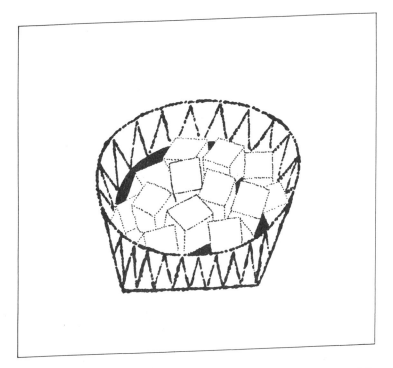

와 반대로 온 대지에 대변과 소변이 가득한 꿈은 크게 부귀할
징조의 꿈이다. 또한 대변을 짊어지거나 담아서 집으로 들고 오
면 재산을 모을 꿈이다. 대소변으로 온 몸을 더럽히는 꿈도 재산
을 모을 징조이다.

♣솥 밑에 대변을 보는 꿈

♧풀이 : 좋지 않은 꿈이다. 구설수가 있게 되므로 입을 조심해
서 움직여야 하며, 행동도 올바르게 가져야 한다. 대변 위에 앉아
있는 것도 흉한 꿈으로 패가 망신할 징조가 보이므로 항상 마음
가짐을 올바르게 가져야 한다. 그러나 대소변에 의해서 의복이 더
럽게 되는 꿈은 대길하고 만사 형통한다.

18.과일과 채소에 관한 꿈

♣자기가 포도를 먹는 꿈
♧풀이 : 생활이 점차 윤택해질 징조이고, 사업이 번창한다. 포도나무를 보는 꿈도 부귀를 누린다.

♣자기가 대추를 먹는 꿈
♧풀이 : 사랑하는 사람의 아이를 가지거나 재주가 비상한 아이를 낳는다.

♣파나 마늘을 먹는 꿈
♧풀이 : 밑에서 일을 하던 사람, 또는 동업을 하는 사람이 배신을 할 징조를 알려주는 꿈이다. 뿐만 아니라 다른 사람과 다투는 일이 생긴다. 이러한 꿈을 꾸었을 때는 매사에 각별히 주의해야 한다.

♣들에서 나물을 캐는 꿈
♧풀이 : 자손에게 좋은 일이 일어날 암시를 주는 꿈으로 세상을 편안하고 안락하게 살 수 있는 운세이다. 주의할 것은 여자로 인하여 고생할 징조도 보이므로 여자를 조심해야 한다.

♣가지를 보는 꿈
♧풀이 : 길몽이다. 모든 일이 뜻대로 되며, 가지를 먹는 꿈은 매우 좋은 꿈으로 부인이 임신하거나 혼담이 이루어지게 된다. 또한 가지를 남에게 주는 꿈은 흉몽으로 재산을 탕진하거나 잃게

♣백마를 보거나 코끼리를 보는 꿈

♧풀이 : 구하는 일이 성취되고 모든 일이 순조롭게 진행된다. 코끼리를 타고 있는 꿈은 생활의 여유를 찾게 되고, 코끼리와 함께 음식을 먹고 있는 꿈은 귀인을 만나 큰 도움을 얻는다.

♣자기가 아끼는 동물을 기르는 꿈

♧풀이 : 자신보다 권력이 있는 사람에게 대항할 힘이 없어서 자기만의 세계를 만들고 싶다거나 고독하다는 것을 상징하는 꿈이다.

♣잉어가 뛰는 것을 본 꿈

♧풀이 : 사업을 하는 사람은 순조롭게 진행되고, 직장에 다니는 사람은 지위가 올라갈 징조의 꿈으로 아내가 임신하게 된다. 단, 주의할 것은 항상 신중하고 적극적인 자세를 취해야 한다는 것이다.

♣도미가 움직이고 있는 것을 본 꿈

♧풀이 : 즐거운 일이 많이 일어나고 이 달에 큰 돈이 들어온다. 남이 나에게 도미를 선물로 주면, 장사에 이익이 많으며, 경사스러운 일이 있다.

♣오색찬란한 물고기를 보는 꿈

♧풀이 : 몸이 아픈 사람이 이 꿈을 꾸면 깨끗이 완쾌되지만 건강한 사람이 꾸었을 경우에는 시비를 가리는 일이 생기므로 매사를 조심해야 한다.

♣ 자기가 물고기를 잡는 꿈

♧ 풀이 : 직장을 옮기거나 이사를 하게 된다. 큰 고기를 잡으면 운이 있으며 반드시 경쟁자를 물리칠 것이다. 그러나 작은 고기를 잡는 꿈은 불길하다. 물고기를 잡아서 요리해 먹는 꿈은 귀인

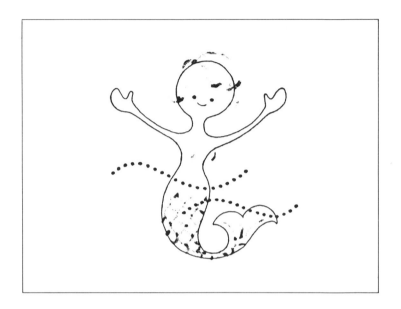

의 도움을 받는 일이 생긴다. 그물로 물고기를 잡으면 하는 일마
다 운이 열리고 낚시질해서 물고기를 잡으면 계속해서 경사스러
운 일이 일어나게 된다.

♣ 자신의 몸이 물고기가 되는 꿈
♧ 풀이 : 흉몽이다. 재산을 탕진할 징조를 알려주는 꿈으로 자
신에 대한 채찍질이 필요하다. 자신의 몸에서 물고기가 나오면 허
약했던 몸이 건강해진다.

♣ 두꺼비가 물고기로 변해 보이는 꿈
♧ 풀이 : 흉몽이다. 물건을 도난 당하는 일이 있거나 재물을 잃
는 일이 생긴다.

♣ 바다에서 사는 게를 보는 꿈
♧ 풀이 : 흉몽이다. 방해하는 사람이 있어서 계획했던 일이 뜻

대로 되지 않는다. 이때는 일을 뒤로 미루고 잠시 휴식을 취하도
록 한다.

♣ 거북이가 나타나는 꿈

♧ 풀이 : 집안이 화목하고 모든 일이 뜻대로 되어서 운수가 따
른다. 길몽이다. 또한 재물을 모으며 남자는 입신출세하게 된다.
거북이가 집안이나 물속으로 들어가는 꿈은 큰 돈이 들어 올 암시
를 주는 꿈이다. 흙 거북이나 자라를 보게 되면 처음에는 좋지만
후에 가서는 좋지 않은 일이 일어나게 되므로 각별히 주의해야 한
다.

♣ 자기가 물고기를 찌르는 꿈

♧ 풀이 : 흉몽이다. 불길한 징조의 꿈으로 몸이 아프게 되며 물
고기를 놓아 주면 재수가 있고 행운이 찾아온다.

♣ 사자가 나타나는 꿈

♧ 풀이 : 꿈 속에서 사자를 보는 것은 그동안 걱정되었던 일이
다른 사람의 도움으로 해결될 징조이다.

♣ 자기가 사자와 싸워서 이기는 꿈

♧ 풀이 : 하는 일마다 운이 따르고, 매사가 즐겁게 된다. 수험
생은 합격할 것을 예고하는 꿈이고, 고향에 있는 부모를 만나게 된
다. 소원하고 있었던 모든 일을 성취한다.

♣ 자기가 사자 등에 올라탄 꿈

♧ 풀이 : 머지않아 귀인의 도움을 얻어서 일을 성공적으로 추진
하게 되거나 주위 사람들의 도움을 받는 일이 생긴다.

♣ 여우가 나타나는 꿈

♧ 풀이 : 흉몽이다. 의심을 받는 일이 생기기 쉬우므로 모든 일

은 확실하게 해 둘 필요가 있다. 여우와 싸우는 것이 꿈에 나타나면, 주위의 교활한 사람을 피하지 않으면 화를 입는다. 여우의 꿈은 대부분 흉몽에 속한다.

♣ 자기가 말을 타고 신나게 달리는 꿈

♧ 풀이 : 자신이 성적으로 흥분하고 있다는 것을 나타낸다. 말이 너무나 거칠게 뛰어서 조종하기가 힘들다거나 고삐를 매지 않은 꿈에서는 자신의 정열이 무척 강렬해서 이성을 찾지 못한다는 것을 의미한다.

♣ 백마를 보는 꿈

♧ 풀이 : 백마는 미혼녀나 소녀들의 꿈 속에 많이 나타난다. 이것은 성에 대해 눈을 뜬다는 것과 플라토닉한 사랑에 대한 동경을 뜻한다. 남성의 꿈 속에 백마가 나타나면 어진 아내를 얻으며, 흑마가 꿈에 나타나면 돈은 있지만 행동이 바르지 못한 여성을 아내로 맞아들이게 된다.

♣ 준마를 타는 꿈

♧ 풀이 : 길몽이다. 앞으로의 계획이 만족할 수 있게 진행되고 말을 탔는데 놀라서 뛰는 말은 흉몽으로 좋지 않다. 말을 타고 험난한 길을 아무일 없이 넘어가면 아내의 도움으로 출세하게 된다.

♣ 아름다운 말을 소유해서 타는 꿈

♧ 풀이 : 아름다운 여인을 아내로 맞아 들여서 모든 일이 즐겁거나 신나는 일이 일어난다. 다른 사람의 아름다운 말을 탄 꿈은 귀인이나 주위 사람들의 도움을 받아 명성을 떨치고 부귀 영화를 누릴 징조이다.

♣ 말이 도망치거나 싸움을 하는 것을 보는 꿈

♧ **풀이** : 몸이 좋지 않거나 재수가 없어서 하는 일마다 실패하게 된다. 많은 일을 하지 않도록 주의 한다. 마굿간에서 먹이를 주는 꿈은 귀재를 얻을 징조이다. 말 안장이 완전하거나 안장을 얹는 꿈은 하는 일마다 성공을 하고, 기쁨이 생긴다.

♣ 동물을 먹이로 하는 새를 보는 꿈

♧ **풀이** : 길몽이다. 가난한 사람은 크게 돈을 모아 부자가 될 것이며, 부자는 더욱 부자가 된다.

♣ 닭이 지붕 위에 올라가 있는 것을 보는 꿈

♧ **풀이** : 흉몽이다. 아내에 의해서 시끄러운 일이 일어날 암시를 주는 꿈으로 구설수가 있다. 그러나 나무 위에 닭이 있는 꿈은 운이 따르고 좋다.

♣ 계란이 딩글고 있는 것을 보는 꿈

♧ **풀이** : 길몽이다. 날아오는 소식마다 기쁨을 주고 희망을 주게 된다. 하지만 많은 계란이 딩글고 있는 것은 좋지 않은 일이 일어날 불길한 징조로, 시비를 거는 사람이 많이 나타나는 것을 뜻하므로 올바르게 일을 처리해야 된다.

♣ 암탉이 알을 품고 있는 꿈

♧ **풀이** : 기쁜 소식이 오게 되며, 좋은 일이 계속해서 일어날 징조로 행운이 따른다. 대길몽에 속한다.

♣ 자기가 용이 되는 꿈

♧ **풀이** : 길몽이다. 크게 출세할 징조를 알려주는 꿈이며, 학자나 출가한 승려가 이 꿈을 꾸었다면 크게 이름을 빛낼 것이다. 그러나 항상 무게있는 행동을 하여서 경거망동하지 말며, 신중하게 일을 처리해야 한다.

♣ 원시시대의 동물을 보는 꿈

♧ 풀이 : 일반적으로 원시시대의 동물은 나를 보호해 주고 감싸 주는 어머니를 상징한다. 다시 말해서 어머니의 품이 그리워지는 것을 뜻하는 것이다.

♣ 자기가 공룡에게 잡아 먹히는 꿈

♧ 풀이 : 어머니에게 안기고 싶고, 의지하고 싶은 마음을 나타 낸 것으로 무서움을 느낀다 하더라도 어머니에 대한 공포심을 의미하지는 않는다. 이것은 의뢰심이 강하다는 것을 뜻한다. 만약 공룡에게 쫓기더라도 도망할 수가 있으면 이것은 독립심이 있다는 것을 의미하는 것이다.

♣ 용의 죽음을 보는 꿈

♧ 풀이 : 머지 않아서 지위와 신분을 잃을 암시를 주는 꿈이다. 또한 사랑하는 사람이 자기 곁을 떠날 수도 있으며, 애지중지 아끼는 물건을 도난당할 우려가 있으니 조심해야 한다.

♣ 용을 보는 꿈

♧ 풀이 : 물 가운데에서 잠자고 있는 용을 보거나 움직이고 있는 것을 보면 앞으로 모든 일이 잘 되어질 징조를 알려주는 것이다. 만약 임신을 하고 있는 부인이 용을 보게 되면 틀림없이 옥동자를 낳아 훌륭하게 키울 것이며, 하늘로 용이 휠휠 올라 가는 꿈을 꾸게 되면 모든 일이 막힘없이 잘 되어지고, 재산도 모으게 되며, 출세의 문이 열린다. 길몽이다.

♣ 고양이를 보는 꿈

♧ 풀이 : 흉몽이다. 고양이는 일반적으로 여성을 뜻하며, 꿈속의 상황에 의해서 어머니나 시부모, 연인 등을 나타낸다. 고양이가 무서운 얼굴을 하고 있는 꿈을 꾸면, 어떠한 여성에게 질투를

느끼고 있거나 증오를 하고 있다는 것을 의미한다.

♣ 자기가 고양이를 잡은 꿈

♧ 풀이 : 고양이는 도적을 나타내는 것이기 때문에 앞으로 도적을 잡을 것을 암시해 주는 꿈이다. 고양이 고기를 먹으면 도적맞은 물건을 다시 찾을 수가 있으며, 고양이 발톱에 의해 할퀴게 되면 우환이 생기게 된다. 또한 고양이가 말을 하게 되면 구설수에 휘말리게 되므로 한 마디 한 마디를 조심해서 해야한다.

♣ 자기가 개를 보는 꿈

♧ 풀이 : 꿈 속에서의 개는 일반적으로 부모에 대한 감정과 스파이를 의미한다. 큰 세파트와 같은 개를 데리고 다니는 꿈은 엄격한 부모에게서 자유롭게 되고 싶은 욕망을 나타낸다. 꿈 속에서 보이지 않을 정도로 개가 뛰어가면 간첩이나 스파이를 뜻한다. 따라서 부모에 대한 미움의 감정이라든가 유부남을 사모하는 마음을 확실하게 하고 싶은 두려운 마음을 의미하는 것이다.

♣ 개가 크게 짖거나 서로 싸우는 것을 보는 꿈

♧ 풀이 : 본인이나 가까운 사람 중에 질병에 걸릴 염려가 있으므로 특히 조심해야 한다.

♣ 자기가 개를 부르는 꿈

♧ 풀이 : 꿈 속에서 개를 부르는 것은 앞으로 좋은 일이 생긴다는 것을 의미한다.

♣ 자기가 소를 끌고 가는 꿈

♧ 풀이 : 재물을 모으게 되거나 새로운 사람을 맞아들이게 된다. 여기서 새로운 사람이란 배우자일 수도 있으며, 또 식모를 들일 수도 있고, 자취나 하숙생이 들어올 수도 있다.

♣ 소가 마차를 끌고 가는 것을 보는 꿈

♧ **풀이** : 꿈 속에서 마차를 끌고가는 소가 어려워 하면 흉몽이
고, 어렵지 않게 끌고 가는 것을 보는 꿈은 길몽이다. 사업이 원
만하게 진행되어 가고 있다는 것을 암시해 주는 꿈으로 계속 밀고
나가면 성공을 하게 된다.

♣ 풀을 뜯어 먹고 있는 양을 보는 꿈

♧ **풀이** : 현 위치에 대해서 불만이 없다는 것을 뜻한다. 모든일
이 어려움 없이 원만하게 해결되어서 적극적으로 활동해 나갈 징
조이다.

♣ 호랑이가 자기를 무는 꿈

♧ **풀이** : 길몽이다. 출세의 문이 활짝 열릴 징조를 알려주는 꿈
이다. 진급 승진이 되는 등 지위가 크게 올라가고 명예를 얻는 일
이 있으며, 곧 기업을 세우거나 좋은 글을 써 내게 된다.

♣ 자기가 코끼리 등에 올라 탄 꿈

♧**풀이** : 길몽이다. 귀인을 만나서 도움을 받거나 가르침을 받
는 일이 있으며, 머지않아 기업이나 어느 단체에서 우두머리가 될
징조로 기쁜 일이 있다. 또한 자신이 선망의 대상이 되거나 그러
한 사람과 인연을 가지게 된다.

♣ 무리를 지은 새떼가 하늘을 날아가는 것을 본 꿈

♧ **풀이** : 길몽이다. 운수가 열리고 재수가 있다. 자신의 숨겨
진 실력을 발휘하거나 계속해서 경사스러운 일이 일어날 암시를 주
는 꿈이다. 계획한 일을 성공적으로 끝내게 되고 이름을 떨치게
된다.

♣ 자기가 날아가는 새를 잡은 꿈

♣ 풀이 : 한 마디로 흉몽에 속한다고 할 수가 있겠다. 사랑하는 사람이 자기 곁을 떠나 가거나 신임하고 있는 사람이 떠나고 부부가 별거 또는 이혼을 하게 될 징조이다. 또한 사업이 번창했다가 쇠퇴하게 될 암시를 주는 꿈으로 주의할 필요가 있다.

♣ 여러 마리의 학이 자기를 지켜보고 있는 꿈

♣ 풀이 : 길몽이다. 인덕이 있어서 매우 귀한 사람의 도움을 받거나 가르침을 받는 일이 있다. 또한 뜻하지 않은 인물이 나타나 나를 사랑하게 되거나 많은 사람의 도움으로 꿈과 같은 일이 실행되기도 한다.

♣ 자신이 공작새를 가지고 있는 꿈

♣ 풀이 : 앞으로 큰 인물이 될 사람과 인연이 맺어지거나 아름답고 신비에 싸여있는 듯한 여인을 알게 된다. 뿐만 아니라 귀중한 선물을 받거나 고귀한 사람과 관계를 가질 징조이다.

♣ 자기가 호랑이를 타는 꿈

♣ 풀이 : 자신은 대인관계가 원만하고, 적극적인 행동의 소유자이거나 의욕에 넘쳐 있다는 것을 뜻하고 있다. 머지않아 학교나 직장에서 좋은 일로 사람들을 깜짝 놀라게 만들 징조이다. 또한 많은 사람들이 자신을 도와주게 되고 선망의 대상이 된다는 것을 암시해 주는 꿈이기도 하다.

♣ 호랑이가 나타나는 꿈

♣ 풀이 : 자신을 미워하거나 시기하는 사람이 나타난다. 따라서 호랑이를 때려 눕히는 꿈은 상대를 굴복시키거나 사람을 쟁취하게 된다는 것을 뜻한다.

집안으로 호랑이가 들어오는 꿈은 다른 사람의 모략이나 계략에 빠져서 고통을 받게 되거나 자기가 서 있는 위치에서 물러나지 않으면 안될 어려움을 당하게 된다.

♣ 개 짖는 소리가 계속해서 들리거나 먼 곳에서 짖는 것 같은 꿈

♧ 풀이 : 길몽이다. 걱정이나 근심거리가 깨끗이 해소되고, 자신에 대한 결심을 새롭게 가지는 것을 뜻한다. 담배나 술을 끊는 일이 있으며, 타락했던 사람이 새로운 일을 찾아나서기도 하고, 바람을 피우던 남편이 내가 언제 그랬냐는 듯이 가정에 충실하게 될 징조이다.

♣ 미친 개가 날뛰는 것을 보는 꿈

♧ 풀이 : 자신의 신경이 예민해졌다는 것을 의미하고 있다. 조금만 참아도 될 것을 가지고 다투는 일이 있는가 하면 괜히 화가 나기도 한다. 하찮은 일로 고통을 받게 될 징조이다.

만약에 개에게 물릴 경우에는 다른 사람의 계략에 빠지는 일이 있거나 자식에 의해서 걱정거리가 생기게 된다. 하지만 개가 덤벼들기만 할 뿐 물지 않는 꿈은 자신을 도와주는 사람을 만나게 된다.

♣ 개가 뛰어가고 있는 것을 보는 꿈

♧ 풀이 : 계획한 일이 순조롭지 못할 징조를 알려주는 꿈이다. 믿었던 사람이 자신의 곁을 떠나는 일이 있거나 자신에 대해 회의를 느끼는 일이 있다.

♣ 개가 싸우고 있는 것을 보는 꿈

♧ 풀이 : 연인이나 친구에게 새로운 사람이 나타나거나 자신을 미워하는 사람이 나타난다. 또한 자신과 하나의 일을 가지고 경쟁하게 될 사람을 사귀게 되고 자신은 더욱 더 열심히 일을 하게 될 징조이다.

♣ 화를 내고 있는 고양이를 보는 꿈

♧ 풀이 : 흉몽이다. 친척 간에 불화가 있을 징조로 부부가 이별하거나 자식 때문에 화를 입는 수가 있다. 만약 고양이가 자신에게 덤벼 들어서 상처를 입혔을 경우에는 건강이 나빠지고 질병을 얻게 된다.

♣ 쥐를 잡아먹고 있는 고양이를 보는 꿈

♧ 풀이 : 길몽이다. 사업이 번창하고 방해물이 제거 될 징조이다. 상인은 큰 이익을 남기게 되고 학자는 널리 이름을 떨치게 된다.

♣ 쥐가 자기를 무는 꿈

♧ 풀이 : 한 마디로 말해서 길몽이다. 뜻하지 않은 사람이 나타나 자신을 도와주거나 생각지도 않았는데 승진 또는 진급이 되기도 한다. 뿐만 아니라 마음 속에 있는 사람으로부터 청혼을 받는 등 기쁜 일이 있다.

♣ 흰쥐를 보는 꿈

♧ 풀이 : 간절히 원하고 있던 일이나 계획한 일을 순조롭게 진행시켜서 목적을 달성하게 될 징조를 알려주는 꿈이다.

♣ 흑마를 보는 꿈

♧ 풀이 : 흑마는 백마와 반대로 불행을 뜻한다. 가깝게 지내고 있던 사람을 잃게 되거나 애정에 진통이 올 징조이다. 또한 가정에 불행한 일이 일어날 것을 암시해 주는 꿈이기도 하다. 따라서 이런 경우에는 서로가 서로를 위해주는 마음이 있어야 한다.

♣ 상처를 입은 말을 보는 꿈

♧ 풀이 : 한 마디로 흉몽이다. 자신에게 큰 어려움이 있을것을

암시해 주는 꿈으로 재수가 없다. 충분히 합격될 수 있는 점수에
도 불구하고 낙방을 하게 되거나 사랑하는 사람을 잃게 될 징조이
다. 꿈속에서의 '말'은 현실에서의 '상대' 즉, '연인'이나 배우자
를 상징한다. 죽이고 있는 말을 보는 꿈도 자신에게 어려운 일이
닥칠 것을 예시해 주는 꿈이다.

♣ 자신이 소를 타고 있는 꿈

♧ 풀이 : 노력한 댓가를 얻게 된다. 귀인을 만나서 큰 도움을
받거나 지도를 받아 신임을 받는 위치에 서게 될 징조다. 뜻하
지 않는 일로 출세를 하거나 머지않아 많은 사람을 지휘하게 될길

몽이다.

♣ 피를 흘리고 있는 소를 보는 꿈
♧ 풀이 : 웃사람이나 동료들에게서 신임을 얻게 되며, 부호의 딸을 며느리로 맞아들이게 될 징조이다. 또한 상인이 이 꿈을 꾸면 많은 이익을 남기게 된다.

♣ 양이 집안으로 들어오는 꿈
♧ 풀이 : 매우 좋은 길몽이다. 집안에 행운이 찾아오고 경사스러운 일이 겹친다. 자신을 흠모하거나 아껴주는 사람이 많이 있게 되고, 귀한 인물이 될 징조이다. 또한 끝까지 믿고 신임할 수 있는 사람을 만나서 자신은 행복하다고 느끼게 된다.

♣ 돼지가 나타나는 꿈
♧ 풀이 : 길몽이다. 복권의 당첨, 경매 등으로 뜻하지 않는 기쁨을 맛보게 될 징조이다. 주식이나 채권 등이 생기고 의외의 곳에서 돈이 들어오게 된다. 운수가 대통하고 재수가 있다.

♣ 돼지가 무서워서 달아나는 꿈
♧ 풀이 : 좋지 않은 일이 일어날 흉몽이다. 자신이나 가까운 사람에게 불행한 일이 있을 것을 암시해 주는 꿈으로 구설수가 있다. 사회에 죄를 짓는 일을 하거나 간통을 하는 일이 있다.

♣ 깡충깡충 뛰어다니고 있는 토끼를 보는 꿈
♧ 풀이 : 웃사람의 사랑을 독차지 하거나 갑자기 지위가 높아져서 선망의 대상이 된다. 한편으로는 자신을 시기하거나 질투하면서도 존경하는 인물을 만나서 뜻을 함께 하기도 한다.

♣ 기린이 나타나는 꿈
♧ 풀이 : 매우 좋은 길몽이다. 예로부터 기린은 평화를 상징하

는 동물로 머지않아 자신이 사회를 위해 큰 일을 하게 된다는 것을 암시해 주는 꿈이다. 가정이 화목하고 부귀를 누린다. 미혼녀가 이 꿈을 꾸면 앞으로 훌륭한 인물이 될 사람을 남편으로 맞아들여 행복한 삶을 누린다. 임신한 부인이 이런 꿈을 꾸면, 사회를 위해 큰 일을 할 인물을 낳게 된다.

♣ 원숭이를 보는 꿈
♧ 풀이 : 꿈 속에서 원숭이가 나타나면 대부분 재수가 없다. 뜻하지 않은 손해를 보거나 믿고 있던 사람에게서 배신을 당하는 일이 있다. 또한 귀중한 물건을 잃어 버리기도 하고 사기를 당할수도 있으며, 여러 사람과 다투는 일이 있을 징조이다.

♣ 자기가 사자 등에 타는 꿈
♧ 풀이 : 길몽이다. 사회적으로 성공을 하게 될 징조이다. 평소에 자신에게 거만하게 대하던 사람을 굴복시키거나 감동을 주게 되는 일이 있으며, 서로 이해하고 위로할 수 있는 친구나 연인을 만나게 된다.

♣ 학을 보는 꿈
♧ 풀이 : 길몽이다. 가정이 화목하고 운수가 열릴 징조이다. 집안에 경사스러운 일이 생기고, 식구들이 한 자리에 모이게 된다는 것을 암시해 주는 꿈이다.

♣ 고래가 헤엄치고 있는 것을 보는 꿈
♧ 풀이 : 길몽이다. 자신을 크게 도와줄 여성을 아내로 맞아 들이게 된다. 만약 고래가 물을 뿜어 올리고 있는 것을 보았을 경우에는 자신이 원하고 있는 사람의 사랑을 쟁취하게 될 것을 암시해 주는 꿈이기도 하다.

♣ 잉어가 헤엄치고 있는 것을 보는 꿈

♧ 풀이 : 길몽이다. 계획한 일이 뜻대로 진행되고 운이 있어서 출세의 문을 열게 된다. 여기서 잉어를 잡으면 큰 인물이 될 남성을 사귀게 되거나 결혼을 하게 된다. 그러나 잉어를 잡아서 요리를 하고 있는 꿈은 자신의 일을 방해하는 사람이 있거나 미워하는 사람이 나타난다.

♣ 나비가 날아다니는 것을 보는 꿈

♧ 풀이 : 자기를 바라보는 눈으로부터 벗어나서 새롭게 태어나고 싶다는 것을 뜻한다. 사랑하는 사람이 변신을 하는 것을 보거나 이사를 하는 것을 보게 된다.

♣ 소가 자신을 뿔로 받는 꿈

♧ 풀이 : 소에게 받혀서 큰 부상을 당했을 경우에는 뜻하지 않은 죄를 짓고 법의 심판을 받을 징조이다. 부상을 크게 입지 않았을 경우에는 행동이 올바르지 못한 사람과 어울리게 되며, 소가 자신을 받는 순간에 깜짝 놀라 소리쳐서 깨는 꿈은 자기가 곧 나쁜 사람에게서 벗어나게 될 징조를 알려주는 꿈이다.

♣ 여러 마리의 토끼가 나무에 오르는 것을 보는 꿈

♧ 풀이 : 매우 좋은 길몽이다. 어떠한 위기에 처해있거나 곤란을 당했을 때 귀인을 만나서 큰 도움을 받을 징조이다. 사업가가 이 꿈을 꾸면 계획한 일이 순조롭게 진행되고, 상인의 경우에는 많은 이익을 올리게 될 징조이다.

♣ 늑대가 자기의 다리를 무는 꿈

♧ 풀이 : 늑대가 무는 순간에 잠이 깨었다면 길몽이고, 그렇지 않으면 흉몽이다. 다른 사람의 계략에 말려드는 일이 있을 수도 있으며, 아랫사람이 배반하는 수도 있다. 또한 속임수를 당하게 되고 자신을 미워하는 사람이 나타날 징조를 알려주는 꿈이므로 대인관계에 좀 더 신경을 써야 하겠다.

20. 하늘과 날짐승에 관한 꿈

♣ 까치떼가 날아가는 것을 본 꿈
♧ 풀이 : 길몽이다.

모든 일에 재수가 있으며, 걱정이나 근심되었던 일이 사라지고 기쁜 일이 생긴다.

♣ 까마귀가 우는 꿈
♧ 풀이 : 다른 사람과 다투는 일이 있거나 신임을 잃는 일이 있으며 비방을 받게 된다. 또한 까마귀가 무리를 지어서 울고 있는 것은 집안에 좋지 않은 일이 일어날 암시를 주는 꿈이다. 이 꿈은 흉몽에 속한다.

♣ 집안으로 물오리가 날아드는 꿈
♧ 풀이 : 흉몽이다. 재난이 닥칠 것을 암시해 주는 꿈으로 근심 걱정거리가 끊이지 않는다.

♣ 매를 보는 꿈
♧ 풀이 : 길몽이다. 남의 존경을 한몸에 받거나 많은 사람을 다스리는 우두머리가 될 징조이다. 그러나 사람을 대하는 태도는 항상 겸손하게 품위와 예의로서 다스려야지 그렇지 않으면 많은 사람의 원망을 사게 된다.

♣ 백로를 보는 꿈
♧ 풀이 : 좋은 일이 있으며, 남에게 신임을 받을 징조이다. 작

은 새가 무리를 지어 우는 꿈은 많은 구설수에 의해서 고통을 받게 된다.

♣ 새를 새장에 넣어서 기르는 꿈

♎ 풀이 : 자신이 보호하지 안으면 안될 물건이라든가 소유하고 싶은 사람이 있다는 것을 뜻하며, 한편으로는 자신이 관여 하지 않으면 안될 일이라든가 통제해야 할 일이 있다는 것을 상징하는 꿈이다.

♣ 자기가 백조를 보는 꿈

♎ 풀이 : 신체에 영화가 오고 경사스러운 일이 잇달아 일어난다. 그러나 백조가 우는 꿈은 재난이 올 징조이다.

♣ 학을 보는 꿈

♎ 풀이 : 꿈에서 학을 타고 있으면, 머지않아 돈이 들어오는 곳이 생기고 지위가 올라간다. 학이 높이 날으는 꿈은 출세의 문이 열릴 징조이다. 또한 학이 사람과 함께 놀고 있는 꿈은 재주가 비상한 아들을 낳는다는 암시를 주는 꿈이다.

♣ 원앙새를 보는 꿈

♎ 풀이 : 길몽이다. 생활이 윤택해지고 부부 간에 좋은 일이 있다. 그러나 원앙새가 날아가 버리는 꿈은 부부의 이별을 알려주는 꿈으로 이별하는 일이 생긴다.

♣ 부엉이를 보는 꿈

♎ 풀이 : 좋지 않은 일이 일어날 징조를 보이는 꿈이지만, 다른 사람과 마찰없이 원만하게 지내는 사람에게는 그다지 나쁜 꿈만은 아니다.

♣ 비둘기를 보는 꿈

♧ 풀이 : 집안이 화목하고 식구들이 머지않아 함께 모일 징조이며, 가업을 더욱 빛내게 된다.

♣ 자기가 백로와 함께 있는 꿈

♧ 풀이 : 길몽이다. 계획한 일을 적극적으로 밀고 나가 성사시킬 징조이다. 명성을 떨치게 된다.

♣ 자기가 봉황새를 보는 꿈

♧풀이 : 길몽이다. 지도를 받는 일이 있거나 자신을 도와주는 사람이 나타나서 지금까지의 생활에 큰 변화가 오게 되며, 부귀영화를 누릴 징조를 알려주는 꿈이다.

♣자기가 하늘을 날아다니는 꿈

♧풀이 : 날아다니는 것이 꿈 속에 나타나면 자신의 자유가 구속 받고 있다는 것을 뜻한다. 직장을 얻어서 출세하게 되며 부귀를 누릴 징조를 알려주는 꿈이다.

♣자기가 구름을 타고 다니는 꿈

♧풀이 : 좋은 일이 일어날 징조이기는 하지만 중간에 위험이 도사리고 있으니 매사를 신중히 처리해야 한다.

♣은하수를 건너가는 꿈

♧풀이 : 평소에 하고 싶었던 일을 적극적으로 밀고 나가면 원하는 대로 될 것이며, 뜻한대로 일이 처리될 징조이다.

♣다른 사람을 초대해서 대접하는 꿈

♧풀이 : 자신이 계획한 일이나 추진하는 일을 다른 사람이 협조하도록 만들게 되고 상대방이 나를 이해하고 따르게 된다. 평소에 자신이 눈여겨 두었던 사람을 자신의 곁에 있게 하는 등 모든 일이 순조롭게 진행 된다. 그러나 다른 사람이 나를 초대해서

대접하는 꿈은 자신이 어떤 사람의 밑에서 일을 하게 되거나 자신을 이끌어 주고 지시하는 사람을 만나게 될 징조이다.

♣비행기를 타고 여행을 하는 꿈

♧풀이 : 길몽이다. 하고자 하는 일이 원활하게 이루어진다. 무슨 일을 하든지 방해되는 장해물이 없다. 사업적으로도 성공할 수 있는 운세이다.

♣비행기를 타다가 추락하는 꿈

♧풀이 : 그다지 좋지않은 꿈이다. 계획세운 일이 수포로 돌아가거나 잠시 절망적인 생각으로 우울하게 된다. 이런 꿈을 꿀 경우에 잠시 계획 세운 일을 멈추는 것이 상책이다.

♣우주선이 발사되는 것을 보는 꿈

♧풀이 : 길몽이다. 승진하거나 계약 이행, 목표 달성 등이 이루어질 꿈이다. 하는 일마다 순조롭게 진행되며, 성과도 좋게 나타난다. 이러한 꿈을 꾼 후에 원하는 이성과 교제를 하면 결합이 이루어진다. 여성의 경우에는 멋진 남성을 만나 결혼할 수 있는 운세이며, 남성의 경우에는 훌륭한 내조자를 만나 출세하거나 사업 확장이 이루어지는 꿈이다.

♣독수리가 노려보고 있어서 자기가 도망가지 못하는 꿈

♧풀이 : 자신을 감시하고 있는 눈으로부터 벗어나서 해방을 구하고 싶다는 욕망을 뜻한다. 독수리가 먹이를 찾아서 급강하는 꿈도 자유에 대한 동경이나 어떠한 속박으로부터 벗어나고 싶다는 것을 나타낸다.

♣독수리가 날으는 것을 본 꿈

♧풀이 : 군인은 계급이 올라갈 징조이고 커다란 일을 하게 될 것이며, 대기업가가 이 꿈을 꾸면 사업적으로 또 하나의 큰 선풍

을 몰고올 것이다.

♣독수리를 본 꿈

♧풀이 : 많은 사람들을 끄는 지도자가 될 것이며, 경쟁자를 물리치고 승리할 것이 틀림없다. 독수리에게 잡히는 꿈을 꾸면 믿었던 사람에게서 실망을 하게 된다.

♣해와 달이 자기의 몸을 비추는 꿈

♧풀이 : 길몽이다. 사무를 보는 곳에서 일을 하게 되거나 지위가 올라가게 된다.

♣해와 달이 동시에 보이는 꿈

♧풀이 : 아랫 사람에게 배신을 당하거나 속임수를 당한다. 해와 달을 자신이 삼키는 꿈은 재주가 비상한 아이를 낳을 징조이다.

♣달을 품안에 안는 꿈

♧풀이 : 아내가 임신을 하거나 재주가 비상한 딸을 낳을 징조이다.

♣아침 해가 솟아오르는 것을 본 꿈

♧풀이 : 길몽이다. 모든 일이 재수가 있고 순조롭게 진행된다. 자손에게 행운이 있다.

♣하늘 가운데에 해가 떠오르는 꿈

♧풀이 : 길몽이다. 운수가 열리고 좋은 일이 있다. 환자가 있는 집에서는 병이 완쾌될 징조이다.

♣자기가 달을 향해 절을 하는 꿈

♧풀이 : 계획한 일이 순조롭게 진행되고 모든 일이 재미가 있

다. 밝은 달이 하늘에 걸려있는 꿈은 재수가 있다.

♣별이 날아가는 것을 보는 꿈

♧풀이 : 시비를 가려야 할 일이 생기거나 건강이 나빠진다. 부인이 이 꿈을 보면 좀 겸손할 줄도 알고 행동을 올바르게 가질 필요가 있다.

♣물속에 달이 비치는 것을 본 꿈

♣풀이 : 진행 중이던 혼담이 깨질 수도 있으며, 사업에 좋지 않은 일이 일어날 수도 있다.

♣서쪽 하늘에 해가 걸려있는 것을 본 꿈

♧풀이 : 친구나 연인과 다투는 일이 있으며, 부부가 이별하는 일이 있다. 또한 법으로 시비를 가려야 할 일이 생긴다.

♧별이 사방으로 흩어지면서 떨어지는 꿈

♧풀이 : 흉몽이다. 친척 간에 불화가 있을 징조로 양보하고 웃 사람을 따르는 정신이 중요하다.

♣머리 위에 북두칠성이 떠 있는 꿈

♧풀이 : 길몽이다. 귀인을 만나 출세의 길이 열리고 크게 성 공을 하게 된다.

♣북극성이 잘 보이지 않는 꿈

♧풀이 : 흉몽이다. 자신을 질투하거나 시기하는 사람이 나타나 고, 자신이 존경하고 있던 인물이 어려움을 겪는 것을 보게 된다.

♣새장 속의 작은 새가 날아가는 꿈

♧풀이 : 믿었던 사람이 자신의 곁을 떠나가거나 배신하는 등 생각지도 않은 일이 일어날 것을 예시해 주는 꿈이다.

♣자기가 원앙새와 함께 이야기를 하는 꿈

♧풀이 : 길몽이다. 다정한 부부사이를 나타내며 원앙새가 날아 가는 꿈은 부인이나 남편이 딴 마음을 가지고 있거나 서로 이별 하는 일이 생긴다.

♣자기가 공작새나 봉황새를 타고 하늘을 날으는 꿈

♧풀이 : 길몽이다. 운수가 따르고 좋은 사람과 인연이 닿아 행 복하게 되며, 귀인의 도움으로 출세하게 된다. 또한 재산을 모으 게 된다.

♣학이 자기 집 지붕 위를 날으는 꿈

♧풀이 : 길몽이다. 출세의 문이 열릴 징조이다. 학이 뜰에서 사람과 함께 놀고 있는 꿈은 재주가 비상한 아이를 낳을 징조이다.

♣자기가 학을 타고 하늘 높이 날아오르는 꿈
♧풀이 : 많은 사람을 지휘하는 위치에 서거나 가문이 훌륭한 집의 딸이나 아들을 맞아들일 징조이다. 또한 승진, 진급, 당선, 당첨이 되거나 명예를 얻게 된다. 집에서 기르던 학을 놓아 주는 꿈을 꾸면 귀중한 선물을 받게 되거나 뜻밖의 곳에서 돈이 들어오는 일이 생긴다. 길몽이다.

♣자기가 백조를 타고 자기 집 지붕 위를 날으는 꿈
♧풀이 : 건강이 좋아질 징조이다. 환자가 이 꿈을 꾸면 병이 완쾌된다. 백조가 우는 꿈을 꾸면 좋지않은 일이 생긴다.

♣닭을 보는 꿈
♧풀이 : 길몽이다. 재수가 있으며 행운이 찾아온다. 계획한 일이 중간에서 어려움을 당할 수도 있으므로 주의할 필요가 있다. 닭 울음 소리를 듣는 꿈도 길몽이다.

♣앵무새를 보는 꿈
♧풀이 : 자신을 불신하는 일이 있거나 구설수에 휘말리게 된다. 여성의 품 안으로 새 종류가 날아드는 꿈은 임신할 징조이다.

♣자기가 비둘기를 타는 꿈
♧풀이 : 아내에게 좋은 일이 있으며, 집안이 화목하고 기업이 번창할 징조이다. 또한 집안에 경사스러운 일이 일어나서 기쁨이 넘치게 된다.

♣까치와 까마귀가 한데 어울려서 놀고 있는 꿈
♧풀이 : 주식이나 채권 등을 얻을 징조이고, 생각지도 않은 곳

에서 돈이 들어오게 된다. 길몽이다.

♣밤하늘의 별이 찬란하게 줄지어 있는 것을 본 꿈

♧풀이 : 한 마디로 길몽이다. 특히 군인의 경우에는 계급이 높아질 징조로 매우 훌륭한 일을 하게 된다. 미혼녀가 이 꿈을 꾸면 앞으로 위대한 인물이 될 사람을 낭군으로 맞아들이게 된다.

♣하늘이 붉어지는 꿈

♧풀이 : 집안에 재난이 일어나거나 나라에 걱정스러운 일이 있을 것을 암시해 주는 꿈이다. 집안이 화목하지 못하고 항상 불화가 있으며, 또한 난리가 일어나거나 혁명이 일어나는 것을 보게될 징조이다.

♣벌이 자기의 다리를 쏜 꿈

♧풀이 : 본인이나 집안에 경사스러운 일이 있게 될 징조이다. 직장에서는 승진되는 일이 있으며, 가정에서는 사랑스러운 아내가 임신을 하게 된다. 계획한 일이 순조롭게 진행되고, 자기를 도와주고자 하는 사람이 많이 있게 된다. 길몽에 속한다.

21. 산과 들에 관한 꿈

♣ 자기가 밀림 속으로 들어가는 꿈
♧풀이 : 머지않아 모험을 하게 된다. 사업가는 새로운 사업을 시작한다든지, 사춘기의 남녀들은 이성에 눈을 떠서 '섹스'에 관심을 갖는 등, 지금까지와는 다른 새로운 분위기의 생활을 맞이하게 된다.

♣ 자기가 풀숲에서 앉아 있거나 누워 있는 꿈
♧풀이 : 고통을 받았던 일이 깨끗이 해소되고, 병을 가지고 있는 사람은 건강이 회복될 징조이다.

♣ 넓은 들에서 혼자 서 있는 꿈
♧풀이 : 먼 곳에서 자신을 초대하거나 가야할 일이 생긴다.

♣ 넓은 들판에 큰 나무나 동상이 서 있는 것을 보는 꿈
♧풀이 : 구설수가 있으며, 계획한 일이 뜻대로 되지 않아 근심 걱정이 떠나지 않는다.

♣ 지진으로 자기가 땅 속으로 빠지는 꿈
♧풀이 : 자신이 무엇인가 부도덕한 일을 하고 있다는데 대한 두려움이나 죄악감을 나타낸다. 좋지 않은 일이 있을 징조이다.

♣ 지진으로 집이 흔들리는 꿈
♧풀이 : 다른 사람과 다투는 일이 있거나 시비를 가려야 할 일

이 생긴다. 다른 한편으로는 부상을 당할 징조가 보이니 주의할 필요가 있다.

♣잔디를 보는 꿈

♧풀이 : 평안하고 안락한 곳에서 휴식을 취하고 싶다는 것을 상징하는 꿈이다. 다른 한편으로는 귀찮은 사무로부터 벗어나고 싶다는 것을 뜻하기도 한다. 이러한 꿈을 꾸었을 때는 잠시 머리를 식힐겸 해서 휴양을 취하는 것이 바람직하다.

♣자기가 바위 위에 올라간 꿈

♧풀이 : 길몽이다. 진급, 승진, 당첨, 당선 등 명예로운 일이 있다. 작은 돌을 가지고 장난하는 꿈은 여러 가지의 기쁜 일이 있다. 나무에 올라가는 꿈도 출세의 징조를 알려 주는 꿈으로 계획한 일이 성공을 거둔다.

하늘이나 지붕 위에 올라가면 귀한 인물이 되거나 부자가 될 징조이다.

♣산이나 들로 여행하는 꿈

♧풀이 : 생각지도 않은 곳으로 여행할 기회가 주어지고, 재수가 있다. 산과 숲을 여행하는 꿈은 모든 일이 뜻대로 진행될 징조이다.

♣산꼭대기나 지붕에 올라간 꿈

♧풀이 : 좋지 않은 일이 계속해서 일어나며, 웃사람이나 아랫사람에게서 신임을 잃는다. 그러므로 항상 행동을 올바르게 가져야 한다.

♣길이 울퉁불퉁한 것을 본 꿈

♧풀이 : 괴로운 일이 있거나 몸이 좋지 않으며, 생각지도 않은

일이 터지거나 어떠한 일에 휘말리게 된다.

♣높은 산을 보는 꿈
♧풀이 : 길몽이다. 산이 높을수록 자신에게 좋으며, 머지않아 자신을 우러러 보는 사람이 나타나거나 본인이 존경하는 인물을 만나게 된다. 높은 산을 구름이 감싸고 있는 꿈은 운수가 대통하고 모든 일에 재수가 있다.

♣자신이 산을 매고 있는 꿈
♧풀이 : 경쟁자를 물리치고 왕관을 차지할 징조이며 지위가 오르거나 부자가 되고 권세를 잡을 암시를 주는 꿈이다.

♣자기가 높은 산에서 내려오고 있는 꿈
♧풀이 : 가난한 사람은 부자가 될 징조이고 부자는 불화가 있거나 재산을 잃는 일이 있다. 넓은 들판이나 나무가 없는 산을 보면, 친구가 찾아오거나 먼 곳에서 소식이 온다.

♣깊은 산속에서 다른 사람이 자기를 안내하는 꿈
♧풀이 : 귀인을 만나 큰 도움을 받거나 지위가 올라가고 출세의 문이 활짝 열릴 징조의 꿈이다. 산꼭대기에서 보물을 얻거나 사람을 만나면 복이 있을 암시의 꿈으로 돈이 들어오거나 상을 받는 일이 있다. 또한 헤어져 있던 사람을 만나는 경우도 있다.

♣화산이 터지는 것을 본 꿈
♧풀이 : 현재 자신이 어려운 문제에 봉착하고 있어서 괴롭다는 것을 나타내는 꿈으로 질병을 얻을 징조이다. 건강에 신경을 써야 한다.

♣자기가 높은 산에 오르는 꿈
♧풀이 : 산에 오르는 것은 성적인 흥분을 나타내는 것으로 산

이 높을수록 흥분이 고조되는 것이며, 그만큼 위험스럽고 불안이 뒤따르게 된다. 산에 올라서 밑을 내려다 보았을 때 자신의 집이 없거나 보이지 않는 꿈은 사랑이나 섹스에서 헤어나지 못해 자신을 잃어 버리지나 않을까 하는 두려운 마음이 꿈을 통하여 표출된 것이다.

♣ 물레방아에 관한 꿈
♧풀이 : 남자가 물레방아 꿈을 꾸면 연상의 여자를 만나서 행복하게 살 징조이며, 여자가 이 꿈을 꾸면 주위 사람으로부터 칭찬을 받는 일이 생긴다. 하지만, 구설수에 휘말릴 우려가 있으므로 주의할 필요가 있다.

♣ 자기가 들판에 씨앗을 뿌리는 꿈
♧ 풀이 : 자신이 노력한 만큼의 댓가는 돌아온다. 씨앗을 뿌리는 것은 현재하고 있는 일을 뜻하는 것이며 따라서 그 다음의 노력에 의해서 큰 돈을 벌 수도 있다. 또한 학문에 종사하는 사람은 크게 이름을 빛낼 암시를 주는 꿈이다. 끝까지 잘 거두어 들여야 한다.

♣ 논이나 밭에서 허수아비 등을 보는 꿈
♧ 풀이 : 길몽이다. 매사에 희망이 넘쳐 있으며, 뜻대로 일이 잘 된다. 다만 겨울에 이 꿈을 꾸면 도난당할 우려가 있으므로 주의해야 한다.

♣ 자기가 아래로 떨어지는 꿈
♧ 풀이 : 자신에 대한 무력감과 불안감을 나타낸다. 이를테면 내가 사랑하는 사람이 날 싫어하지 않을까 하는 불안, 해야 할 일을 하지 못한 불안, 동료들로부터 도외시당하지는 않을까 하는 불안, 일이 제대로 되어주지 않는 무력감 등 생활에 따른 여러 가지를 나

타내고 있다.

♣ 자기가 산에서 떨어지거나 허공을 헤매는 꿈

♧ 풀이 : 즐거운 일은 하나도 일어나지 않고 불안한 일로 인해 마음이 안정되지 않은 상태를 뜻한다. 행동은 조심해야 하며, 생각지도 않은 손해를 볼 수 있으므로 신경을 써야 한다. 또한 타인의 입에 오르내릴 수 있다. 흉몽 쪽에 속하는 꿈이다.

♣ 폭포가 힘차게 쏟아지는 것을 본 꿈

♧ 풀이 : 머지않아 귀인을 만나 크게 도움을 받아 성공하게 된다. 윗 사람에게 신임을 받게 되고 아랫사람에게는 존경과 선망의 인물이 된다.

♣ 광장 주변으로 빽빽하게 집이 들어차 있는 것을 본 꿈

♧ 풀이 : 이것은 자신의 위치가 불확실하다는 것을 뜻한다. 이를테면 가정에서 어린애 취급을 받고 있다고 생각하거나 현재 자신의 위치에 불만이 있는 것이 꿈을 통하여 표출되고 있다.

♣ 황량한 들판에 큰 나무가 있는 꿈

♧ 풀이 : 사업을 하고 있지만 항상 고독을 느끼고 근심이 떠나지 않을 징조이다. 이 나무에 올라가면 구설수에 휘말리게 된다. 흉몽 쪽에 가까운 꿈이다.

♣ 계곡이 산이나 나무로 둘러싸인 꿈

♧ 풀이 : 여성을 나타내는 꿈으로 계곡을 계속해서 걸어가도 꼭대기가 보이지 않는다든가 계곡 밑으로 내려가는 길을 발견하지 못한 경우는 남성이 하나의 여성을 알게 되어 물 불 가리지 않고 사랑에 취하는 것을 나타낸다.

♣ 계곡이 무너지는 꿈

♧ 풀이 : 흉몽이다. 바로 손위 사람이나 친척 중의 한 사람의 죽음을 당하기 쉽다. 또한 중병을 앓을 징조이다.

♣ 자기가 산 속에서 보물을 찾는 꿈

♧ 풀이 : 현재의 위치보다 지위가 높아지며, 앞으로 크게 될 것을 암시하는 것으로 복이 찾아와서 대길한다.

♣ 자기가 논에다 벼를 심는 꿈

♧ 풀이 : 좋은 사람을 만나서 출세하게 되고, 어떠한 일에 의해서 출세의 길이 열리는 것을 뜻한다.

♣ 자기가 농사를 짓는 꿈

♧ 풀이 : 돈이 들어와서 크게 부자가 될 꿈으로 길몽이다.

♣ 논과 밭이 황폐한 것을 본 꿈

♧ 풀이 : 길몽이다. 앞으로 집안에 좋은 일이 생기고, 자기에게는 행운이 찾아와서 모든 일이 뜻대로 되어진다.

♣ 자기가 땅을 일구어서 씨를 뿌리는 꿈

♧ 풀이 : 자신을 제한하고 있는 모든 것에서 벗어나고 싶고, 미개척지를 개발하고 싶은 욕망을 의미한다. 여기서 새로운 분야를 개발하고 싶은 욕망은 성적으로 말해서 여성에 대한 동경심을 나타낸다. 땅을 일구는데 사용되는 쟁기나 괭이는 남성을 의미한다. 새로운 것을 만들고 싶은 욕망을 가지기도 한다.

♣ 자신이 고향을 떠나는 꿈

♧ 풀이 : 언제나 마음 속에 바라고 있던 일이나 계획한 일을 착수하게 될 징조이다.

♣ 자신이 많은 산을 넘는 꿈

♧ 풀이 : 최근에 할 일이 많아졌다는 것을 의미한다. 무엇인가 자신에게 부탁하러 오는 사람이 있을 수도 있으며, 많은 일을 완성시키게 된다. 그리고 사람이나 일거리가 많은 곳에서 일을 할수도 있다.

♣ 지도에서 한 지점이 특히 눈에 뜨이는 꿈

♧ 풀이 : 이사를 하거나 전근 등을 가게 될 징조이다. 또한 새로운 친구를 사귀게 되기도 하고 동업자를 만나기도 한다.

♣ 자기가 무엇인가를 짊어지고 산에 오르고 있는 꿈

♧ 풀이 : 어떠한 일을 성사시키기 위해서 스스로를 위로하고 있는 것이다. 꿈 속에서의 짐은 현실적으로 방해물이나 불안, 두려움, 용기 등을 나타낸다. 정상에 오르는 것을 보는 꿈은 자신이어

떠한 고통에도 굴복하지 않고 이겨낼 수 있다는 강한 의지를 나타
내는 것으로 머지않아 계획한 일이 어려움을 극복하고 성공을 할
징조이다.

♣ 자신이 산을 들어올리는 꿈

♧ 풀이 : 어떠한 단체의 우두머리가 되거나 경쟁자를 물리치고
우승하게 된다. 자신이 상대하기 어려운 인물을 굴복시키거나 감
화시키게 된다. 이 꿈은 크게 출세할 것을 암시해주는 꿈으로 길
몽이다.

♣ 폭포를 보는 꿈

♧ 풀이 : 문학과 인연이 있을 징조를 알려주는 꿈이다. 문학을
하는 친구를 사귀게 되거나 다른 사람이 글 쓰는 것을 보게 된다.
또한 유명한 작가나 그와 관계되는 일을 하고 있는 사람을 만나게
된다.

♣ 누렇게 익은 벼가 들판에 가득한 것을 본 꿈

♧ 풀이 : 원하던 일이 성취되고 계획한 일이 목적을 달성한다.

혼담이 들어와서 결혼을 하게 되거나 좋은 작품을 완성하게 된다. 한편으로는 자신이 어떠한 방황에서 헤어나게 되거나 갈등과 고민에서부터 벗어나게 된다는 것을 알려주는 꿈이기도 하다. 길몽이다.

♣ 자기가 깊은 산속에서 농사를 짓고 있는 꿈
♧ 풀이 : 현재의 생활에 대해서 만족하고 있다는 것을 꿈 속에서 보는 것이다. 현실적으로도 기쁜 일이 있으며, 재물이 들어와서 생활이 윤택해지고, 마음의 여유를 가지게 된다.

♣ 산이 무너져서 돌이 굴러내리는 것을 보는 꿈
♧ 풀이 : 어떠한 큰 일이 실패하는 것을 보거나 불쾌, 배반감 등을 겪게 될 징조이다. 또한 집안에 불화가 있어서 서로 불신하는 일이 생기고 가족이 흩어지는 일이 생길 수도 있으므로 서로양보하는 자세를 갖도록 해야 한다. 사업가가 이 꿈을 꾸면 사업이 진척되지 않을 뿐만 아니라 모든 재산을 잃게 되기도 한다.

♣ 산에서 아지랑이가 피어오르는 꿈
♧ 풀이 : 자신의 생활에 대해 회의를 느끼고 있다거나 크게 불만을 품고 있다는 것을 암시해주는 꿈이다. 모든 일을 한꺼번에 처리할려고 하지 말고 작은 일부터 해결해 나가는 자세를 가져야 한다. 현실적으로도 자신이 용감하게 밀고 나가는 일이 있게 된다.

♣ 높은 산에서 여러 사람과 어울려 놀고 있는 꿈
♧ 풀이 : 꿈 속에 나타나는 산이 높을수록 좋다. 자기 자신이많은 사람들을 물리치고 어떠한 일에 선발되는 일이 있으며 경쟁에서 승리를 할 징조이다. 고등학교나 대학 졸업을 앞둔 사람이 이 꿈을 꾸었을 경우에는 앞으로 좋은 직장에서 일하게 될 것을 예시하는 것이다.

22. 식물과 나무에 관한 꿈

♣ 나뭇잎이 떨어지거나 자기가 나뭇가지를 꺾는 꿈

♧ 풀이 : 친구와 다투는 일이 있으며, 연인과 헤어지거나 부부가 이별하는 일이 있다. 또한 형제가 서로 이별해야 할 일이 생긴다.

♣ 나무나 철판 등으로 그릇이나 가구 등을 만드는 꿈

♧ 풀이 : 남성의 경우에는 애인이나 친구가 생길 징조를 알리는 꿈이다. 여성이 만약 이러한 꿈을 꾸게 되면 결혼을 하게 되든지, 아니면 임신을 하게 된다. 여자의 임신을 상징하는 경우, 꿈 속에서 만들어지는 그릇이나 기구 등의 모양이나 종류에 따라 남녀의 성별이 달라지게 된다. 접시나 가구 등을 만들면 여아(女兒)를 잉태하게 되고, 사냥기구나 썰매, 남성용 가재도구 등을 만드는 꿈은 남자 아이를 잉태하게 될 태몽이다.

그러나 만약 그릇을 만드는 도중에 그것이 완성을 보지 못하고 깨어진다거나 실패하게 되는 꿈은 현실적으로도 길몽이 될 수가 없다. 잉태된 아이를 유산하게 되는 비극을 맞이하게 된다. 이러한 경우에는 특히 조심해야 할 것이다.

♣ 지붕에 단풍나무가 있는 꿈

♧ 풀이 : 길몽이다. 진급이 될 징조로 모든 일이 순조롭다. 다른 나무가 단풍나무로 변한 꿈은 화를 입을 징조이니 매사를 신중히 처리해야 된다. 나무가 말라 죽는 꿈은 집안에 좋지 않은 일이

일어난다.

♣ 잎사귀가 무성한 나무에 꽃이 만발한 것을 본 꿈

♧ 풀이 : 길몽이다. 운수가 대통하고 생활의 여유를 찾게 된다. 잎사귀가 없는 앙상한 나무를 보는 꿈은 모든 일에 재수가 없으며, 고통을 당하는 일이 있다.

　나뭇잎 떨어지는 꿈은 집안이 화목하지 못하고 항상 시끄럽다. 이러한 경우에는 흉몽이 된다.

♣ 남에게 화초를 나누어 주는 꿈

♧ 풀이 : 집안의 재산이 없어지거나 자신의 힘이 약해지고, 미워하는 사람이 나타나게 된다.

♣ 자기가 나무를 심거나 가꾸는 꿈

♧ 풀이 : 길몽이다. 계획한 일은 서두르지 말고 차근히 밀고 나가는 것이 좋은 방법이다.

♣ 자기 집안에 대나무나 소나무가 빽빽히 들어 찬 것을 본 꿈

♧ 풀이 : 대나무 숲은 일반적으로 인간 사회에서 일어나는 복잡 미묘한 세계를 뜻하고 있다. 따라서 모든 일에 운이 따른다는 징조를 알려주는 꿈이다.

♣ 자기가 대나무 숲을 조심해서 걷고 있는 꿈

♧ 풀이 : 대나무 뿌리는 사방으로 뻗어 있는데, 이것은 소문이 퍼지는 것을 의미한다. 따라서 자신은 한 마디 한 마디를 조심해서 하고 있으며, 소문이 나지 않을까 하는 불안한 마음을 갖고 있음을 나타내는 것이다.

♣ 월계수를 보는 꿈

♧ 풀이 : 꿈에 월계수를 보면 반드시 경사스러운 일이 일어날

징조를 알려 주는 것이며, 기혼자가 이 꿈을 꾸었을 경우에는 처가의 유산을 상속받는 일이 있게 되는 경우도 있다. 또한 소나무와 같은 상록수가 집 가운데에 있는 것은 운수가 대통할 꿈이다.

♣ 집 앞에 소나무나 대나무 등이 무성해 보이는 꿈
♧ 풀이 : 자손이 번창할 꿈이며, 그 자손의 장래가 매우 밝다. 또한 뜰 앞에 대나무가 나 있는 꿈은 대길하며, 모든 일에 재미를 보게 된다.

♣ 죽순이 성장하는 것을 보는 꿈
♧ 풀이 : 길몽이다. 자손이 번창하고 출세의 문이 활짝 열릴 징조가 보인다. 뿐만 아니라 죽순을 꺾어 가지고 집안으로 들어오게 되면 아들을 보게 된다. 현재 매듭지어 지지 않은 일은 가능한 빨리 매듭지어 버리는 것이 좋다.

♣ 여러 가지의 나무를 보는 꿈
♧ 풀이 : 꿈 속의 나무는 일반적으로 몸을 상징하고, 가지는 몸의 일부분을 상징한다. 그러나 나무가 항상 몸을 뜻하는 것은 아니다. 잎이 무성한 나무는 젊음의 싱싱함을 상징하고, 시들은 나무는 피로함과 쇠약하다는 것을 뜻한다. 튼튼한 나무가 뿌리를 길게 뻗치고 있는 것은 정서적으로 안정되고, 앞으로의 일을 훌륭하게 처리할 수 있는 힘을 가지고 있다는 것을 뜻한다. 나무의 꿈은 대체적으로 길몽이 많다.

♣ 큰 나무가 부러지는 것을 본 꿈
♣ 풀이 : 흉몽이다. 사람이 죽게 되는 것을 보게 된다. 나무가 말라서 죽는 꿈은 집안에 불화가 생길 징조이다.

♣ 지붕 위에 나무가 떨어져 있는 꿈

♧ 풀이 : 길몽이다. 재물을 모을 수 있는 길이 열리고 운수가 대통할 꿈이다.

♣ 자기가 큰 나무에 올라가는 꿈

♧ 풀이 : 현재의 위치보다 지위가 높아지고 출세의 문이 열릴 징조를 알리는 꿈이다. 이와 반대로 나무에서 떨어지거나 부상을 입게 되면 좋지 않은 일이 일어날 암시의 꿈이다.

♣ 매화 꽃이 활짝 피어 있는 것을 본 꿈

♧ 풀이 : 집 안의 명성을 크게 떨칠 꿈이며, 매화나무에 열매가 열리면 귀한 자식을 낳아 훌륭하게 키울 징조이다.

또한 붉은 매화를 꺾는 꿈은 귀인을 만나서 출세의 문이 열릴 징조를 나타내며, 하얀 매화 꽃이 만발한 사이로 지나가면 여자에 의해서 어려움을 겪게 된다.

♣ 마른 나무에 꽃이 피는 것을 본 꿈

♧ 풀이 : 대체적으로 피어있는 꽃은 활짝 핀 자신의 성숙한 육체에 대한 욕망을 의미한다. 또한 지금까지 순조롭지 못했던 일도 모든 것이 뜻대로 되어질 징조를 나타내는 것이며, 자손이 크게 번창할 운세를 예시한다.

♣ 자기가 걸어가고 있는 길에 가시나무가 나 있는 꿈

♧ 풀이 : 해야 할 일은 많은데 자신의 앞을 가로막는 방해물이 있다는 것을 상징하고 있는 꿈이다. 실제로 계획한 일이 순조롭지 못하고 대인관계도 원만하지 못하다.

♣ 도라지를 본 꿈

♧ 풀이 : 많은 사람들로부터 냉대를 받거나 미움을 받을 징조로 대인관계가 원만하지 못하다. 그러나 자신이 다른 사람에게 잘 대

해주면 상대방도 곧 오해를 풀고 새롭게 대하게 된다. 돈 관계에 있어서만은 매우 좋지만 섣불리 행해서는 안된다.

♣ 소풍을 가서 꽃 구경을 하고 있는 꿈

♧ 풀이 : 친구와 다투는 일이 있거나 사업상 관계있는 사람과 헤어질 징조를 보여주는 꿈이다. 또한 연인들과의 사이에 새로운 인물이 뛰어들어서 방황을 하게 되고, 결국은 헤어지게 될 것을 암시해 주는 꿈이기도 하다.

♣ 뜰 앞에 나 있는 나무가 잎이 떨어져서 앙상하게 서 있는 꿈

♧ 풀이 : 일반적으로 꿈 속에서 앙상한 나무를 보면 재수가 없고, 신록이 우거져 있는 산이나 나무는 물질적으로나 정신적으로 풍요롭다는 것을 나타내고 있다. 집안이 좋지 않은 일이 일어날 불길한 징조로 조심해야 한다.

♣ 자기 자신이 나무를 오르는 데 가지가 부러지는 꿈

♧ 풀이 : 본인이나 가까운 사람의 불행을 보게 될 징조이다. 나뭇가지 부러지는 소리가 크게 들리면 집안 사람 중의 한 사람이 뜻하지 않은 사고를 당해서 크게 다치는 것을 보게 되거나 죽는 것을 보게 된다.

♣ 우물에서 뽕나무가 나 있는 것을 보는 꿈

♧ 풀이 : 모든 일이 제대로 진행되지 않을 뿐만 아니라 건강이 나빠질 징조를 알려주는 꿈이다. 또한 걱정거리가 생기고 자신에 대한 회의를 진하게 느끼기도 한다. 이런 경우에는 친구 또는 부모와 대화를 하는 것이 중요하고, 명상의 시간을 갖도록 한다. 흉몽에 속하는 꿈이지만 지혜롭게 대처하면 오히려 좋은 일이 일어날 수도 있다.

♣ 자기의 집에 나무가 나는 꿈

♣ 풀이 : 집안에 불행한 일이 일어난다는 것을 암시해 주고 있는 꿈이다. 실제로 가족 중의 한 사람이 큰 화를 입거나 불행하게 되는 것을 보게 된다. 이런 경우에는 무조건 가족이 서로 위로해 주어야 한다. 흉몽에 속한다고 할 수 있다.

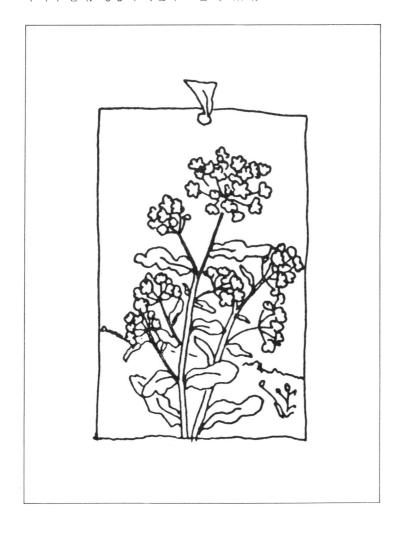

23. 뱀과 파충류에 관한 꿈

♣ 뱀이 칼을 삼키고 있는 것을 보는 꿈

♧ 풀이 : 뱀은 일반적으로 남성을 상징한다. 또한 엄격한 동시에 자신을 보호해 주는 부모를 뜻하고 있다. 재물을 모으고 좋은 일이 생길 징조의 꿈이다.

♣ 칼로 뱀을 베어버리는 꿈

♧ 풀이 : 길몽이다. 운수가 대통하고, 모든 일이 뜻한대로 진행되며 재수가 있다.

♣ 뱀이 자신의 몸을 감는 꿈

♧ 풀이 : 길몽이다. 돈이 들어오는 곳이 생기며, 타인으로부터 추앙을 받는 일이 있다. 그러나 감고 있던 뱀이 풀려서 사라지면 재산을 잃을 암시를 주는 꿈으로 좋지 않다.

♣ 독사를 죽이는 꿈

♧ 풀이 : 경쟁자를 물리치고 승리를 한다. 적극적으로 나서면 모든 일이 의외로 쉽게 풀어진다. 길몽이다.

♧ 집안으로 뱀이 들어오는 꿈

♧ 풀이 : 길몽이다. 귀한 손님을 맞이하거나 기쁜 소식이 날아온다. 재물을 모으고 경사스러운 일이 생긴다.

♣ 이무기가 칼 찬 사람을 에워싸는 꿈

♧풀이 : 길몽이다. 머지않아 이름을 날릴 징조를 알려주는 꿈으로 모든 일이 뜻대로 진행 된다. 활을 쏘아 뱀을 맞추는 꿈은 운수가 대통하고 재수가 있다.

♣뱀이 사람을 따라다니고 있는 것을 본 꿈

♧풀이 : 사랑하는 사람과 곧 이별하는 일이 생기거나 아내와 이별하는 일이 생긴다. 뱀이 사람을 무는 꿈은 운수가 따르고 머지않아 재산을 모을 징조이다.

♣뱀이 둥글게 또아리를 틀고 있거나 기고 있는 꿈

♧풀이 : 웃사람에게 신임을 잃을 일이 있거나 남에게 미움을 받는 일이 있다. 또한 질병을 얻어서 고통을 당할 징조의 꿈이다.

♣뱀이 사람을 무는 꿈

♧풀이 : 귀인의 도움으로 출세의 문이 열린다. 단 뱀에게 물려서 사람이 죽는 것은 매우 불길한 징조이다. 이러한 꿈을 꾸었을 때에는 매사를 조심해야 한다.

♣거미를 보는 꿈

♧풀이 : 길몽이다. 약속했던 일이 이루어지고 귀인의 도움을 받아 일이 순조롭게 진행된다. 꿈 속에서의 벌레나 곤충은 대체적으로 라이벌에 대한 미운 감정 또는 성욕을 나타낸다.

♣쌍쌍의 잠자리가 날아다니는 꿈

♧풀이 : 아름다운 여자를 만나거나 연애를 할 징조이다. 혼담이 이루어지고 다투었던 사람과 화해를 하게 된다.

♣거미줄이 널리 쳐져있는 꿈

♧풀이 : 가까운 사람에 의해 곤란을 당하는 일이 생긴다. 또한 거미줄에 사람이 걸려 있는 꿈은 질병으로 인해 고생할 징조이다.

♣한 곳으로 파리가 모여드는 꿈

♧풀이 : 계획하고 있는 일이 뜻대로 진행되지 않으며, 실패하거나 심한 곤란을 당하게 된다. 파리가 몸에 앉는 꿈은 돈이 들어오는 곳이 생기거나 선물을 받는 일이 생긴다.

♣지네를 보는 꿈

♧풀이 : 상인은 매우 좋은 꿈으로 행운이 있으며 이익이 많다. 그러나 관리직에 종사하는 사람이 이 꿈을 꾸면 불길할 징조로 고통을 받는 일이 생긴다.

♣벌에게 쏘이는 꿈

♧풀이 : 진행중인 일이 순조롭지 못하며, 애정에 진통이 온다.

꿈에 벌집을 보면 귀한 자식을 본다.

♣누에가 있는 것을 본 꿈
♣풀이 : 경사스러운 일이 생기거나 소중한 사람을 만나게 된다. 누에가 날아서 가지 못하는 꿈은 운이 있고 소원했던 일이 성취된다.

♣개똥벌레를 본 꿈
♣풀이 : 약속한 일이나 계획했던 일이 뜻대로 되지 않으며 여자에 의해서 어려움을 당한다.

♣백사가 나타나는 꿈
♣풀이 : 매우 좋은 길몽이다. 머지않아 부귀영화를 누리게 될 징조로 생각지도 않은 곳에서 많은 재산이 들어오게 되고, 어디에서든 앞 자리에 서게 된다. 백사가 자신을 끝까지 따라오는 꿈은 가정적으로나 사회적으로 성공하게 된다.

♣도마뱀이 나타나는 꿈
♣풀이 : 한 마디로 말해서 흉몽이다. 현실에서 자신을 미워하고 있는 사람이 있다는 것을 나타낸다. 연인이나 친구에게 새로운 사람이 나타나거나 자신의 일을 시기하는 사람이 본격적으로 시비를 걸거나 방해를 놓는다.

♣달팽이를 보는 꿈
♣풀이 : 자신에게 친절을 베푸는 사람을 경계할 필요가 있다. 상대방의 달콤한 말에 속아서 크게 후회할 일이 생기거나 곤란을 당하게 된다. 그렇다고 자신에게 잘해주는 사람을 무조건 경계하라는 것이 아니라 평소와는 다르게 행동하는 사람을 조심하라는 뜻이다.

24. 날씨와 기상에 관한 꿈

♣사방에서 천둥 소리 같은 커다란 소리가 들려오는 꿈

♧풀이 : 자신이 정신적으로 큰 고통을 받고 있다는 것을 뜻한다. 혼자서는 감당해 내기 어려운 고민을 안고 있다는 것을 의미하는 것인데, 자신의 고민을 함께 나눌 수 있는 사람을 찾아야 한다. 상업에 종사하는 사람은 많은 돈이 들어온다.

♣천둥과 번개가 치는 꿈

♧풀이 : 승진이나 진급이 있을 징조로 길몽이다. 학자는 큰 명성을 얻게 되고, 사업가는 계획한 일이 순조롭게 진행된다.

♣번개를 보는 꿈

♧풀이 : 현 생활이 즐겁고 행복하다는 것을 의미한다. 계획한 일이나 진행중인 일이 하나 하나 잘 풀어지고 결혼한 여성은 사랑하는 사람의 아이를 가지게 된다.

♣자신이 벼락을 맞는 꿈

♧풀이 : 자신을 돕거나 아껴주는 사람이 주위에 많이 있으며 부귀를 누린다. 벼락이 자기 주위에 떨어지는 꿈은 모욕을 당하는 일이 생긴다. 또한 벼락이 자신의 집에 떨어지면 집안에 불행한 일이 있다.

♣자기가 깜깜한 곳에서 밝은 곳으로 나오는 꿈

♧풀이 : 그 동안 고민되어 왔던 일들이 차츰 해결되어 만족할

수 있게 된다. 사업가는 적자에서 흑자 운영으로 탈바꿈되는 운세를 예시해 주는 꿈이다. 이런 꿈을 꾼 후에는 보다 적극성을 가지고 과감히 도전하는 것이 바람직하다.

♣비가 오는데 우산이 없는 꿈
♣풀이 : 가까이 있는 사람과 헤어지거나 이사하는 일이 생긴다. 또한 우산을 펴는 꿈은 자신이 지금까지 억제하고 있던 강한 욕망을 폭발시키고 싶다는 것을 나타내는 꿈이다.

♣안개가 자욱하게 끼었거나 구름이 몰려오는 꿈
♣풀이 : 적극적인 행동을 하면 이익을 올리게 되지만 잘못하면 실패하기 쉽다. 또한 질병을 얻을 징조이기도 하다.

♣어두운 곳이 점차로 밝아지는 꿈
♣풀이 : 어둠이 물러가고 새벽이 나타나는 꿈은 대체적으로 현재의 불확실한 위치에서 확실한 위치로 바꾸려는 노력을 하고 있다는 것을 뜻한다. 한편으로는 망설이고 있는 일에 대해 확고한 결정을 내린다는 뜻도 지니고 있다. 고민되었던 일이 해결되어서 크게 성공할 징조의 꿈이다.

♣어둠이 물러가는 새벽이나 아침해가 솟아오르는 꿈
♣풀이 : 길몽이다. 집안에 이름을 떨칠 사람이 나타날 징조이고 자손이 번창한다. 또한 큰 사업을 벌이게 되는 일이 있게 될 것을 암시하고 있다.

♣서산에 해가 걸려 있거나 저녁 노을이 지는 꿈
♣풀이 : 조그마한 일을 가지고 다투는 일이 있거나 시비를 가리는 사람이 나타난다. 한편으로는 라이벌이 나타난다는 것을 예시해 주는 꿈이기도 하다.

♣비가 오고 있는 꿈

♧풀이 : 출세해서 크게 성공하며 행운이 있다. 단 보슬비가 오는 것은 좋지 않은 일이 일어날 징조이다.

♣싸락눈과 우박이 함께 오는 꿈

♧풀이 : 걱정스러운 일이 생기며, 생각한대로 일이 풀어지지 않는다. 하는 일마다 울상을 지을 암시를 주는 꿈이다. 지붕위로 우박이 쏟아지는 꿈은 아들을 낳을 징조이다.

♣일곱 색깔의 무지개가 뜨는 꿈

♧풀이 : 모든 일을 적극적으로 추진하면 성공할 수 있다. 계획한 일이 있으면 밀고 나가도록 한다.

♣청명한 날씨를 보는 꿈

♧풀이 : 운수가 활짝 열리고 임신한 여성이 이 꿈을 꾸면 귀자를 낳는다. 꿈에 날씨가 청명하게 보이는 것은 자신의 마음이 안정을 되찾았다거나 곤란한 일을 당했지만 이를 충분히 이겨낼 수 있다는 것을 뜻한다.

♣흙먼지에 의해서 앞이 보이지 않는 꿈

♧풀이 : 보아서는 좋지 않은 일이라든지 마음에 들지 않는 것들이 주위에 있다는 것을 암시해 주는 꿈이다.

♣큰 눈이나 큰 비로 길이 막힌 꿈

♧풀이 : 뜻밖의 재난을 만날 수도 있으므로 용기를 잃지 말아야 한다. 특히 형제 간에 의견이 맞지 않아서 불화가 있기 쉬우니 서로 양보하고 이해하는 마음이 필요하다.

♣음산하게 눈이 내리고 사방이 깜깜해지는 꿈

♧풀이 : 좋지 않은 일이 일어날 암시를 주는 꿈으로 불길하다.

눈이나 비가 조용히 오는 꿈은 출세의 문이 열리게 되고 행운이
찾아온다.

♣눈으로 몸 전체를 장식한 꿈
♧풀이 : 흰 눈은 일반적으로 청순함과 처녀성 같은 것을 상징
하며, 그에 대한 동경과 원망을 나타내고 있다. 또 다른 한편으로
는 차디 찬 의미에서 냉혹감과 완고한 감정을 뜻하기도 한다. 눈
을 맞아서 온 몸이 하얗게 되는 꿈은 모든 일이 재미가 있게 되며,
붉은 눈을 보게 되면 오래 살 징조이다. 마당이나 뜰에 눈이 쌓인
꿈은 좋지 않다.

♣홍수가 일어나 길이 막히는 꿈
♧풀이 : 웃사람 또는 동료와 다투는 일이 있으며, 큰 고통을
당할 징조이다. 하는 일마다 재수가 없다.

♣홍수가 일어나 집으로 큰 물이 들어오는 꿈

♧풀이 : 흉몽이다. 집안에 불행한 일이 있을 징조로 자식이나 아내의 죽음을 당하게 된다.

♣날씨가 맑아서 파도가 잠잠한 꿈

♧풀이 : 웃사람의 눈에 들어서 매사가 즐겁다. 또한 모든 일에 희망이 있고 웃음이 있다.

♣배를 타고 항구에 다다르는 꿈

♧풀이 : 귀한 인물이 되고, 출세해서 성공을 하게 된다. 뿐만 아니라 자신을 따르고 도와주는 사람이 나타난다.

♣폭풍이나 태풍이 부는 꿈

♧풀이 : 건강에 이상이 있거나 모든 일이 재미가 없을 징조이다. 소극적인 자세에서 적극적으로 대처할 필요가 있다.

♣폭풍우가 부는 꿈

♧풀이 : 직장이나 지위를 잃게 되고 가까운 사람의 죽음을 보게 될 징조이다. 폭풍우에 의해서 나무나 풀이 쓰러지는 꿈은 약속했던 일이 깨지고, 부도가 날 징조를 알려주는 꿈이다.

♣폭풍이나 태풍에 휘말려서 자신이 날아가는 꿈

♧풀이 : 흉몽이다. 다른 사람의 모함을 받는 일이 있거나, 계략에 빠질 우려가 있으므로 조심해야 한다.

♣파도가 사납게 이는 꿈

♧풀이 : 연인과 헤어지거나 친구와 다투는 일이 있다. 뿐만 아니라 친지와 멀어질 징조이니 겸손할 줄 알아야 한다.

♣구름을 보는 꿈

♣풀이 : 꿈에 구름이 등장하는 것은 좋지 않은 일이 일어날 암시를 주는 것이다. 검고 푸른 구름을 보면 흉하고, 환자가 있는 집에서는 더욱 심화되며, 곧 질병을 얻을 징조이다. 그러나 구름이 붉고 하얀 색을 띄고 있으면 원하고 있던 일이 이루어지게 된다.

봄에 청색 구름을 꿈 속에서 보는 것은 길하며, 겨울에 흑색 구름을 꿈에 보는 것도 나쁘지 않다.

♣자기 몸을 구름이 감싸는 꿈

♣풀이 : 매우 좋은 꿈으로 매사가 순조롭게 진행되며, 백마를 탄 왕자가 나타날 징조이고, 임신부는 귀자를 얻게 된다. 길몽이다.

♣오색 찬란한 구름을 보는 꿈

♣풀이 : 길몽이다. 사업을 하는 사람은 더욱 번창하게 될 것이며, 상인은 더 많은 이익을 올릴 징조를 알려주는 꿈이다. 집안에 화목이 오고, 혼사가 성립된다.

♣갑자기 구름이 별이나 달을 가리는 꿈

♣풀이 : 자신의 앞을 가로막는 자가 나타나거나 자신을 해할 자가 나타난다는 암시를 주는 꿈이다. 모든 일을 선하게 처리하면 염려할 필요가 없을 것이다.

♣자신이 하늘 높이 올라가는 꿈

♣풀이 : 어떠한 일에서 성공을 하게 될 징조이다. 연인이나 동업자를 감화시키는 일이 있고, 승진이나 진급이 되는 등 지위가 높아진다. 사업이 번창하고 상인은 많은 이익을 볼 꿈이다.

♣비바람이 세차게 부는 꿈

♧풀이 : 어떠한 위험한 사태가 있을 것을 예시해 주는 꿈이다. 자신을 모함하려는 사람을 보는 등 고통과 불안을 겪게 된다. 흉몽 쪽에 가까운 꿈이다.

♣눈과 비가 섞여서 오는 꿈

♧풀이 : 꿈 속에서 눈과 비가 동시에 보이는 것은 말과 행동이 다른 것을 보게 될 징조이다. 또한 친구와의 약속을 잘못알고 있거나 다른 사람이 다치는 것을 보게 된다. 계획한 일이 서로 시기하는 사람들에 의해서 잘 추진되지 않을 징조이다.

♣배가 하늘을 날아다니는 꿈

♧풀이 : 길몽이다. 운수가 대통하고 원하던 바가 척 척 이루어진다. 단, 배가 뒤집히지 않고 올바르게 날아가야지 그렇지 않고 거꾸로 떠서 날게 되면 자신이나 어느 단체에 대해 반발하는 사람이 나타난다.

25. 광물과 기계에 관한 꿈

♣공장에서 기계를 작동시키는 꿈

♧풀이 : 꿈 속에서의 '기계'와 '작동'이 상징하는 현실의 표상물은 '에너지'이다. 따라서 이러한 꿈을 꾸게 되면 현실적으로 매우 바빠지게 된다. 사춘기에 있는 소년 소녀들의 경우에는 신체적인 발육 상태가 현저하게 발달될 징조를 알리는 꿈이다. 특히 여자의 경우에는 성적(性的)인 부위, 즉 유방이나 엉덩이에 굴곡이 큰 각선미를 갖게 된다.

♣자기가 열쇠로 자물쇠를 푸는 꿈

♧풀이 : 현실에서 원하는 상대와 만나 육체 관계를 맺게 된다. 꿈 속에서 자물쇠가 잘 열리지 않는 꿈은 현실에서 데이트가 잘 진행되지 않고 있다는 것을 예시해 주는 꿈이다. 그러나 순조롭게 자물쇠가 열리는 꿈은 이성 간의 교제도 쉽게 이루어지고, 계획한 일도 순조롭게 진행되는 것을 예시한다. 꿈에서의 '자물쇠'는 현실에서의 '여성'을, '열쇠'는 '남성'을 각각 상징한다.

♣자기가 비석을 세우는 꿈

♣풀이 : 남성일 경우 아내를 맞이할 꿈이며, 여성일 경우에는 남편에 대한 선택을 하게 된다. 이러한 꿈은 주로 재혼하는 여성에게 많이 나타난다.

♣기계를 바라보는 꿈

♧풀이 : 꿈 속에서 정상적인 작동을 하고 있지 않는 기계는 '소식'과 '사기'를 상징한다. 따라서 이 꿈을 꾼 후에 멀리 떨어진 친지나 친구에게서 소식이 오지 않으면 누군가에게 사기를 당할 꿈이다. 만약 먼 곳에서 소식이 온다 하더라도 썩 반가운 소식은 못된다. 이러한 꿈은 불길하므로 조심하지 않으면 안된다. 그러나 정상적으로 작동하고 있는 기계를 보는 꿈은 길몽이다.

♣저울을 보는 꿈

♧풀이 : 상인이 이 꿈을 보면 재수가 좋고 이익이 있다. 단, 저울을 보는 꿈은 남과 시비를 가려야 할 일이 있으므로 올바르게 행동해야 된다.

♣안경이나 카메라, 현미경 등의 렌즈가 돋보이는 꿈

♧풀이 : 꿈 속에서 렌즈를 붙여 보기도 하고 닦아 보기도 하는 것은 자신의 마음 속에 있는 사람의 마음을 알고 싶어 한다는 뜻이다. 가령 자신이 사랑하고 있는 사람의 진정한 마음을 알고 싶다든지 말다툼한 친구에게 사과하고 싶은데 그 친구는 받아줄 것인가 하는 것 등이다.

♣자기가 기술자가 되어 있는 꿈

♧풀이 : 꿈 속에서의 기계는 인간의 복잡한 마음을 상징한다. 따라서 자신은 인간의 심리를 알고 싶은 자신의 마음을 이해 하고 싶은 것이다. 이를테면 사랑하는 사람의 진정한 마음을 알고 싶다든지, 자신이 그를 사랑하면서도 미워하는 상반된 감정의 갈등 상태를 알고 싶다는 욕망 등이다.

♣돌이나 나무 위에서 풀포기가 나거나 꽃이 피는 꿈

♧풀이 : 생활이 윤택해지고 사업이 날로 번창할 꿈이다. 상인은 많은 이익을 올릴 징조이고 학자는 이름을 널리 빛내게 된다.

♣귀중품을 잃어버리는 꿈

♧풀이 : 미혼녀가 이 꿈을 꾸면 남자를 알게 되고, 높은 지위에 있는 사람이 이 꿈을 꾸면 지위를 잃거나 명예 등을 잃게 된다. 흉몽이므로 조심해야 한다.

26.물과 강, 바다에 관한 꿈

♣ 자기가 알몸으로 물 가운데서 헤엄치는 꿈

♧ 풀이 : 모든 일이 순조롭게 잘 풀린다. 꿈속에서 헤엄치는 속도는 현실 속에서의 일의 진행 과정을 뜻한다. 따라서 헤엄이 잘 쳐지면 현실의 일도 순조롭게 잘 진행된다. 그러나 헤엄을 치는 속도가 느리다거나 허우적거리고 있는 꿈일 경우에는 현실에서도 일을 진행하는데 무리가 따르고 난항이 거듭된다.

♣ 자기가 물에 빠지는 꿈

♧ 풀이 : 이러한 꿈의 경우에는 두 가지의 해몽이 가능해진다. 한 가지는 물에 빠져서 밖으로 나오는 꿈이고, 또 한 가지는 물에 빠져서 밖으로 나오지 못한 채 허우적 거리는 꿈이다. 물에 빠진 후에 밖으로 나오는 꿈은 길몽이지만, 밖으로 나오지 못하고 허우적거리는 꿈은 흉몽이다.

♣ 자기가 수상스키를 타는 꿈

♧ 풀이 : 현실에서, 하는 일마다 남에게 뒤진다. '마음은 급하고 몸은 말을 듣지 않는 격'이다. 이런 때일수록 침착하고 여유 있는 마음가짐이 중요하다.

♣ 바다에 떠 있는 섬 위로 자기가 올라가는 꿈

♧ 풀이 : 길몽이다. 성(性)적으로는 상대방과 결합할 수가 있으며, 사업적으로는 신제품 개발이라든지 또는 새로운 사업에 손

을 대어 큰 이익을 얻을 수 있는 운세를 예시해 주는 꿈이라　할
수 있다.

♣ 자기가 보우트를 타는 꿈
♧ 풀이 : 원하는 이성과의 결합이 이루어질 꿈이다.　꿈 속에서
의 '보우트'는 현실에서의 '여성' 또는 '여성기(女性器)'를 상징
한다.

♣ 얼음이 언 것을 보는 꿈
♧ 풀이 : 한 마디로 불길한 꿈이다.　기다리는 바가 이루어지지
않는다.　절친했던 사이가 멀어지게 되고,　기다리는 사람도　오지
않는다.

♣ 얼음이 녹는 것을 보는 꿈
♧ 풀이 : 기다리던 사람한테서　소식이 올 것을 예시하는 꿈이
다.　풀어지지 않던 일들이 차츰 실마리가 풀리는 길몽이다.

♣ 냇가에서 낚시질을 하는 꿈
♧ 풀이 : 자기가 냇가에 앉아 낚시질을 하는 꿈은, 취업이 확정
되거나 새로운 주인을 만나게 될 꿈이다.　만약에　낚시질을 하여
물고기를 잡게 된다면 이는 경사스러운 일이 일어나거나　재물이
쏟아져 들어올 것을 암시하는 꿈이다.　그러나 한 가지 '낚시 도
구를 얻는 꿈'은 좋지 않은 꿈이다.　이러한 꿈은 '고생만 하고 얻
어먹는 것은 없다'는 말에 어울리는 꿈이다.

♣ 집안에 우물이 있는 꿈
♧ 풀이 : 길몽이다.　집안에 우애가 있고 화목하다는 것을 뜻한
다.　자신을 도와주는 사람이 나타나 크게 성공할 징조이다.

♣ 자기가 우물에 빠지는 꿈

♧ 풀이 : 흉몽이다. 근심 걱정거리가 생기고 의외의 곳에서 손해를 보는 일이 있다. 또한 자신을 질투하거나 시기하는 사람이 나타난다.

♣ 우물에서 소리가 나서 들여다 보는 꿈

♧ 풀이 : 행동이 바르지 못한 사람과 어울리게 되거나 오해를 받는 일이 있으며, 구설수가 있다.

단순히 우물 안을 들여다보는 꿈은 친구나 연인에 관한 새로운 소식을 듣게 되거나 집안의 새로운 소식에 접하게 된다.

♣ 우물이 무너지는 꿈

♧ 풀이 : 연인이나 부부가 이별하는 일이 있으며, 집안에 재난이 일어날 징조이다. 술에 취해서 우물이나 시냇물에 빠지는 꿈은 다투는 일이 있으며, 직장에서 좋지 않은 일이 일어난다.

♣ 우물이 맑지 못한 꿈

♧ 풀이 : 건강이 나빠지고 주위 사람들에 의해서 곤란을 당하는 일이 있다. 이러한 꿈을 꾸었을 때에는 특히 여자를 조심해야 한다. 우물 물이 말라버리는 꿈은 친척 간에 좋지 않은 일로 불화가 있을 징조이다.

♣ 자신의 몸이 우물이나 샘물에 비치고 있는 꿈

♧ 풀이 : 많은 사람들의 인정을 받아서 출세할 징조이다. 또한 자신을 도와주고 싶어하는 사람이 많이 나타난다.

우물 속으로 자신이 숨는 것 같은 꿈은 가까이 지내고 있는 사람들과 시비를 가려야 할 일이 생기거나 소송사가 일어난다. 이러한 꿈은 불길한 징조를 알려주는 꿈이다.

♣ 연못에 물이 가득 차 있는 꿈

♧ 풀이 : 사업이 번영하고 상인은 이익을 본다. 또한 걱정거리

가 해소되어서 마음의 평안을 찾는다. 연못에서 물고기가 노는 것을 보거나 꽃이 피어 있는 것을 보면 아들을 낳는다. 연못 가운데에 연꽃이 피여 있는 꿈은 귀자를 낳을 태몽이지만 연꽃을 심는 꿈은 남의 모함을 받거나 간계에 빠질 염려가 있으므로 주의해야 한다.

♣ 연못에 자신이 빠지는 꿈

♧ 풀이 : 어떠한 일을 경솔하게 처리하거나 사람을 대하는 태도가 거만해서 다투는 일이 있거나 신임을 잃게 된다.

연못을 만들려고 땅을 파고 있는 꿈은 친한 사람과 말다툼을 하고 몹시 후회하게 된다.

♣ 수도 꼭지를 잠그지 않아서 방으로 물이 넘쳐 흐르는 꿈

♧ 풀이 : 도저히 볼 수 없는 상황에 직면해 있다든지 억제할 수 없는 감정의 폭발을 나타낸다. 이를테면 엄격한 부모에 대한 반항이라든지 자신의 자유를 구속 당하거나 이끌리는 삶을 살고 있다는 데 대한 강한 반발을 꿈 속에서 폭발하고 있는 것이다. 흉몽에 속한다.

♣ 샘물이나 우물이 넘쳐서 흐르는 꿈

♧ 풀이 : 길몽이다. 재물을 얻으며, 배필을 맞아 들이거나 좋은 사람과 인연을 맺게 된다. 또한 집안이 화목하고 자손이 번창한다.

♣ 물이 몹시 흐려 보이는 꿈

♧ 풀이 : 건강이 나빠질 암시를 주는 꿈이며, 여자로 인해 고생하기 쉬우니 조심해야 한다.

♣ 샘물이나 우물 물이 마르는 꿈

♣ 풀이 : 가정에 좋지 않은 일이 일어나거나 불화가 있다. 재산을 탕진할 징조이므로 항상 용기를 가지는 일이 필요하다.

♣ 배가 뒤집히거나 풍랑이 심한 꿈

♣ 풀이 : 일반적으로 배는 자신의 가정이나 가정 환경을 뜻하는데 무언가 좋지 않다는 것을 뜻한다. 풍랑으로 배가 위험하게 되는 것은 자신이 이성을 잃고 있다는데 대한 두려움의 표시이다. 여자와 주위 사람들을 조심해야 된다.

♣ 배를 타고 강이나 바다를 건너 가는 꿈

♣ 풀이 : 지위가 올라가거나 직장을 얻게 되며, 귀인을 만나 큰 도움을 받을 징조이다.

♣ 배를 타고 하늘을 날아다니는 꿈

♣ 풀이 : 다른 사람들을 통솔하거나 지위가 부쩍 올라가게 된다. 또한 크게 부귀 영화를 누릴 징조의 꿈이다.

♣ 배 안에 물이 있는 꿈

♣ 풀이 : 재물을 모으게 되는 일이 생기거나 선물이 들어올 징조이다. 한편으로는 자신의 곁에 있는 사람에게 매우 만족하고 있다는 것을 뜻하기도 한다.

♣ 배를 타고 술을 마시는 꿈

♣ 풀이 : 먼 곳에서 소식이 오거나 친구를 만나게 된다. 뗏목을 보는 꿈은 벌여 놓은 일이 진척되지 않고 제자리 걸음을 걷는다는 것을 암시해 주는 꿈이다. 닻을 보는 꿈은 매사가 잘 되고, 여성이 이 꿈을 꾸면 사랑하는 사람을 만난다.

♣ 가족과 함께 배를 타는 꿈

♣ 풀이 : 재산을 잃는 일이 생기며 친척들 간에 불화가 있다. 배

를 타고 놀이를 하는 꿈은, 모든 일을 서둘러서 진행하지 않으면 실패를 하게 된다는 것을 예시하는 꿈이다. 환자와 함께 배를 타는 꿈은 자신이 병을 얻을 암시를 주는 꿈으로 건강에 유의해야한다. 배 가운데에 혼자서 있는 꿈도 마찬가지이다.

♣ 물 위의 배가 나를 향해 달려오는 꿈
♧ 풀이 : 뜻한대로 모든 일이 진행 되고 행운이 찾아 오며, 보석을 실은 배일 경우에는 자손이 번창할 암시를 주는 꿈으로 만사가 뜻대로 된다. 그러나 돛단 배가 내 앞으로 지나가는 것은 불길한 징조의 꿈이다. 이런 꿈을 꾸었을 때에는 특히 자기 자신의 주변 점검에 만전을 기하는 것이 바람직하다.

♣ 바다 한 가운데에 배가 떠 있는 꿈
♧ 풀이 : 자신이 어떠한 일에 대해 결정을 내리지 못하고 있다는 것을 뜻한다. 한편으로는 무언가 마음이 안정되지 않고 중심을 잃고 있다는 것을 뜻하기도 한다.

♣ 물 속에 자신의 몸이 들어 있는 꿈
♧ 풀이 : 길몽이다. 운수가 있어서 하고자 했던 일이 모두 잘될 징조이다. 물은 일반적으로 모친의 태내를 의미한다. 물속으로 빨려 들어가는 듯한 꿈은 모친의 태내와 같이 평온하고 조용히 휴식을 취할 수 있는 장소를 본인이 원하고 있다는 것을 뜻한다.

♣ 물이 조용히 흘러가는 꿈
♧ 풀이 : 길몽이다. 원하던 사람과의 혼담이 성공적으로 이루어지거나 사랑을 하게 될 징조이다. 단, 남성이 이 꿈을 꾸었을 경우에는 여자를 사귀는데 있어서 신중히 사귀어야 한다. 흘러가는 물이 맑으면, 통솔해야 할 일이 생긴다. 자신의 몸이 물 속에 비치는 꿈은 남자는 좋지 않으나, 여자는 임신을 하거나 새로운

남자를 만나게 된다.

♣ 맑은 날에 집으로 큰 물이 들어오는 꿈

♧ 풀이 : 흉몽이다. 근심 걱정이 떠나지 않으며, 자녀에게 좋지 못한 일이 일어날 암시를 주는 꿈이다.

♣ 강물이나 시냇물이 마르는 꿈

♧ 풀이 : 불길한 징조의 꿈으로 주위의 교활한 사람을 피해야 한다. 특히 친구와 돈거래하는 일이 없도록 한다.

♣ 남녀가 물 속에 들어가 있는 꿈

♧ 풀이 : 길몽이다. 모든 일이 잘 되고, 먼 곳에서 기쁜 소식이 온다. 물 속에 빠진 꿈은 흉몽이다. 그러나 밖으로 나오면 좋은 일이 생긴다.

♣ 물 위를 달려 가고 있는 꿈

♧ 풀이 : 길몽이다. 그러나 물 위에 앉아 있거나 서 있는 꿈은 불길한 징조로 가까이 있는 사람이 죽음을 당하거나 이별하는 수가 생긴다.

♣ 자기가 물을 많이 마시는 꿈

♧ 풀이 : 길몽이다. 자신이 도움을 받는 일이 있거나 선물을 받게 되며, 재산을 모은다. 또한 산골짜기에서 길어온 물을 마시는 꿈은 불길한 징조로 친척 간에 불화가 있으며, 친구와 다투는 일이 있다. 뿐만 아니라 계속해서 구설수가 있다.

♣ 상류의 댐이 터져서 홍수가 일어나는 꿈

♧ 풀이 : 인위적으로 만든 댐은 자유롭게 조정할 수가 있다. 따라서 댐이 터져서 원하지 않았던 일이 일어나는 것은 심리적인 통제나 조정이 불가능하게 되어서 정신적으로 고통을 받고 있다는것

을 뜻한다. 상류의 댐이 터져서 홍수가 일어나는 꿈은 현재 당하고 있는 정신적 혼란은 자신이 겪은 체험이나 가정 환경에 그 원인이 있다는 것을 의미하는 것이다.

♣ 냉장고 안에 물이 얼은 것을 본 꿈

♧ 풀이 : 좋지 않은 일이 일어날 암시이며, 기다리거나 그리워하는 사람을 만날 수 없게 된다. 또한 반대로 얼음이 녹는 꿈은 먼 곳에 있는 친구나 고향, 연인에게서 소식이 올 징조이다.

꿈 속에 냉장고가 나타나는 것은 여성을 상징하는 것으로 냉장고 안에 고기가 썩어 있는 꿈은 성에 대한 혐오감을 느끼는 것이고, 냉장고가 고장나서 사용할 수 없게 되는 꿈은 자신이 성에 대한 흥분을 억제하고 있는 것을 의미하고 있다. 또한 공포에 질려 있다는 것을 뜻하기도 한다. 냉장고 안에 들어 있는 요리의 재료가 어떻게 될까 염려하는 것은 이성의 친구를 기쁘게 해 줄 수가 있을까 하는 염려를 나타내는 것이다.

♣ 물통에 물이 들어 있지 않은 꿈

♧ 풀이 : 흉몽이다. 무슨 일을 함에 있어서 손해볼 징조이므로 적극적으로 나서지 말고 소극적으로 처리해야 한다.

♣ 남으로부터 물통이나 그릇을 받는 꿈
♧ 풀이 : 돈이 들어온다는 것을 뜻한다. 집안에 좋은 사람이 들어오거나 상을 받는 경사스러운 일이 생길 가능성이 많다.

♣ 배를 이용해서 강을 건너가는 꿈
♧ 풀이 : 강은 경계가 되는 의미를 가지고 있는데, 특히 성에 대한 욕망과 도덕적 양심이 이를 누르는 경계를 뜻하는 것으로 지위가 높아지고 훌륭한 스승을 만난다.

♣ 자기가 강에서 고기를 잡는 꿈
♧ 풀이 : 결혼 연령기에 있는 사람은 좋은 배필을 맞아들이게되고, 직장에 다니는 사람은 훌륭한 상사를 만나게 된다.

♣ 강물이 없어지는 꿈
♧ 풀이 : 자신이나 자신을 알고 있는 사람 중에서 재산을 탕진해 가난하게 되는 것을 뜻하므로 마음을 새롭게 가질 필요가 있다.

♣ 웅덩이에 물이 고여있는 것을 보는 꿈
♧ 풀이 : 뜻하지 않는 주식이나 채권 등을 얻게 되고, 재산을모을 징조를 알려주는 꿈이다.

♣ 우물이나 샘물이 넘치는 꿈
♧ 풀이 : 재산을 모으기는 했지만 머지 않아 잃게 될 징조이다. 또한 사랑하는 사람과 인연이 닿아 결혼은 했지만, 가정이 원만하지 못하다.

♣ 자신의 집이 맑은 물로 덮히는 꿈
♧ 풀이 : 집안이 화목하고 부모에게 기쁜 일이 있거나, 경사스

러운 일이 있다. 가업이 번창하고 집안에 훌륭한 인물이 태어날 징조이다.

♣ 자기가 스케이트를 타는 꿈

♧ 풀이 : 이성 간의 친구 때문에 고민할 일이 생기지만, 이내정 상적인 생활로 되돌아 간다. 자기가 적극성을 가지면 상대방도 자기의 뜻에 동요하게 된다. 그러므로 이성간의 문제에 있어서는 보다 적극적으로 자기가 리드를 하도록 하는 것이 바람직하다.

♣ 부엌에서 물이 솟아나는 것을 보는 꿈

♧ 풀이 : 길몽이다. 본인에게 매우 경사스러운 일이 일어날 징조로 부엌에서 필요한 물이 솟아나는 것은 원하고 있던 일이나 뜻하지 않은 좋은 일이 일어나게 된다는 것을 암시해 주는 것이다. 재수가 있어서 즐겁게 일을 할 수 있으며, 출세의 문이 활짝 열리게 된다.

♣ 물가에서 개구리가 개골개골 울면서 뛰는 것을 본 꿈

♧ 풀이 : 다른 사람의 싸움에 자기가 휘말려 들거나 구설수로 고민를 하게 될 징조이다. 따라서 남의 일에 공연히 간섭을 하지 말 것이며, 행동을 올바르게 가져야 한다. 흉몽에 속한다.

♣ 자기가 거북이를 죽이는 꿈

♧ 풀이 : 집안에 재앙이 일어난다는 것을 암시해 주고 있는 꿈으로 흉몽이다. 본인이나 가까운 사람이 뜻하지 않은 사고를 당해서 불행해지거나 아니면 죽는 수가 있으므로 주의할 필요가 있다.

♣ 우물 속에 커다란 물고기가 들어 있는 꿈

♧ 풀이 : 우물 속의 물이 맑고 큰 고기일수록 좋다. 직장이나 어떠한 단체에서 자신이 없어서는 안될 존재이며, 주위 사람들로부터 신임을 받게 된다.

27. 경기와 게임에 관한 꿈

♣ 자기가 경마 대회에서 1등을 하는 꿈

♧ 풀이 : 꿈 속에서의 경마는 현실에서의 도박이나 경기를 의미한다. 따라서 경마 대회에서 남에게 지는 꿈은 현실적으로 돈을 잃거나 손해를 보게 될 꿈이다. 그러나 1등을 하는 꿈은 길몽이다. 도박이나 장사에서 큰 이익을 얻을 수 있는 꿈이다. 수험생은 틀림없이 우수한 성적으로 합격하는 영광을 얻게 되며, 여성일경우에는 약혼이 이루어지며, 훌륭한 배우자를 만나게 된다.

♣ 시합이나 게임을 하고 있는 꿈

♧ 풀이 : 자신이 어떠한 일에 대해 정신적으로 방황을 하고 있다는 것을 뜻한다. 건강에 유의할 필요가 있다.

♣경기장에 아무것도 없는 꿈

♧풀이 : 성숙한 여성이 자신의 신비한 육체를 베일에 감싸서 아무에게도 보여주고 싶지 않은 것을 의미하며, 다른 한편으로는 보아줄 사람이 없는 외로움을 나타내는 경우도 있다.

♣경기를 구경하거나 성원을 보내는 꿈

♧풀이 : 끝까지 경기를 지켜보는 것으로 남자가 이 꿈을 꾸게 되면 연인이나 아내의 신비한 육체적인 매력을 감상하는 것을 나타낸다. 여성이 꾸었을 경우에는 자신의 성숙한 육체를 사랑하는 사람에게 보여주고 싶은 욕망을 뜻한다.

♣용감하게 싸워서 상처를 입는 꿈

♧풀이 : 지위가 높아지거나 의로운 일을 해서 존경을 받게 된다. 또한 자신을 무척 따르는 사람이 생긴다.

♣가위 바위 보를 하고 있는 꿈

♧풀이 : 걱정하고 있던 일에 대해서 그렇게 할 수 밖에 없었다는 필연성을 주장하고 있다.

♣가위 바위 보에서 승부가 나지 않는 꿈

♧풀이 : 무엇인가 결정하기 곤란한 위치에 놓여있는 것을 의미한다. 따라서 확실하게 결정을 내리지 않고 그 자리를 회피하려고만 한다.

♣가위 바위 보에서 이기는 꿈

♧풀이 : 한 번 해서 이긴 경우는 그 동안 걱정하고 있었던 일이 시원스럽게 해결 되지만, 그렇지 않고 몇 번 해서 이긴 경우는 무엇인가 곤란한 위치에서 마음내키지 않는 결정을 내렸다는 뜻이다.

♣자신이 우승을 해서 상장을 받는 꿈

♧풀이 : 이사를 가야할 일이 생기거나 직장을 바꾸게 된다. 또한 자신에게 새로운 연인이 나타나 변신을 할 징조이다.

28. 예술과 오락에 관한 꿈

♣자기가 연주회에 나가 악기를 연주하는 꿈

♧풀이 : 길몽이다. 자기 자신의 능력이나 실력이 제3자에게 인정을 받게 된다. 아울러 자기 자신의 욕망을 이룩할 수 있게 된다.

♣자기가 영화관에서 영화 구경을 하는 꿈

♧풀이 : 자기의 사업이나 일과에 휴식이 필요함을 예시해 주는 꿈이다.

♣영화관의 화면이 잘 보이지 않는 꿈

♧풀이 : 자기의 사업이나 일과의 진행이 순조롭게 이루어지지 않고 있는 현실을 예시해 주는 꿈이다.

♣자기가 영화 배우가 되는 꿈

♧풀이 : 현실적으로 모든 사람들로부터 주목받고 싶은 욕망이 잠재하지만 마음과 뜻대로 되지 않는다. 이 꿈은 길몽도 흉몽도 아니다.

♣자기가 곡예사가 되어 멋진 곡예를 하는 꿈

♧풀이 : 꿈 속에서의 곡예는 현실에서 남성기(男性器)를 상징한다. 따라서 꿈에 자신이 곡예사가 되어 멋진 곡예를 하였다면 그것은 현실적으로도 머지않아 사랑하는 이성과의 성행위가 이루어질 것을 예시하는 꿈이다. 꿈 속에서와 마찬가지로 현실에서도

멋지고 열렬한 데이트를 즐기게 된다.

♣자신이 춤을 추는 꿈
♧풀이 : 많은 사람의 입에 오르내리게 되고 고통을 받게 된다. 흉몽에 속하는 꿈이다.

♣자기가 노래하면서 춤을 추는 꿈
♧풀이 : 건강에 이상이 있을 징조이다. 집안에 불길한 재화가 일어날 것을 암시해 주는 꿈이다. 보통 춤이나 무용은 자신이 어느 것에도 구애받음 없이 행동하고 싶다는 것을 나타낸다. 흉몽 쪽에 가까운 꿈이다.

♣극장에서 연극을 보는 꿈
♧풀이 : 겉으로는 큰소리를 빵빵 치지만 실제 속에는 들은 것이 하나도 없다든지 하여 걱정거리가 생기고, 웃사람이나 친한 사람과 멀어지게 된다.

♣피리나 장고 등의 악기를 보는 꿈
♧풀이 : 음악을 전문적으로 전공한 사람이 이 꿈을 꾸면 좋다. 그러나 보통 사람의 경우에는 돈은 번 것이 없는데 많이 벌었다는 헛된 소문이 날 암시를 주는 꿈이다.

♣타인에게서 악기를 받는 꿈
♧풀이 : 출세의 문이 열리거나 계획한 일을 크게 성공적으로 끝낸다. 또한 이름을 널리 떨칠 징조를 알려주는 꿈이다. 기타나 피아노를 치지 못하는 것 같은 꿈은 자신이 어떠한 일에 대해 강하게 억제하고 있다는 것을 뜻한다.

♣바둑을 두는 꿈

♣풀이 : 귀인을 만나서 만사가 잘 된다. 일반적으로 바둑 따위의 실내 게임의 꿈은 원만하지 못한 대인관계를 나타낸다.

♣그림을 그리는 꿈

♣풀이 : 꿈에서 그림을 그리는 것은 자신의 마음 상태가 어떻다는 것을 나타내는 것이다. 색채가 몹시 강렬한 그림은 자신이 현재 불안정한 위치에 놓여 있다는 것을 암시하며 색채가 없는 그림은 자신이 타인으로부터 자유를 억압받고 있어서 벗어나고 싶다는 것을 의미한다. 특히 자신의 마음 속에 크게 자리잡고 있는 사람을 이상하게 그리는 경우가 많이 있다.

♣오색 찬란한 그림을 가지는 꿈

♣풀이 : 길몽이다. 존경할 수 있는 인물을 만나거나 좋은 친구를 얻게 된다. 또한 재물이 모아질 징조이다.

♣여러 사람이 모인 자리에서 자기 혼자만 노래하면서 손뼉을 치는 꿈

♣풀이 : 건강이 나빠지거나 질병을 얻을 징조이다. 집안이 화목하지 못하고 재산을 탕진하게 될 징조이므로 주의해야 한다. 흉몽이다.

♣피리를 불면서 장고를 치고 있는 꿈

♣풀이 : 보통 걱정을 많이 하는 사람이 꾸는 꿈이다. 기쁜 일이 일어나거나 경사스러운 일이 있을 징조로 길몽이다.

♣음악을 들으면서 자기가 춤을 추는 꿈

♣풀이 : 꿈 속에서의 음악이 상징하는 현실의 표상물은 섹스이다. 따라서 이 꿈은 머지않아 이성과의 열렬하고 만족스러운 육체 관계가 이루어질 것을 예시하고 있다고 보아진다.

29. 전쟁과 무기에 관한 꿈

♣자기가 전쟁터에 나가서 용감히 싸우다 부상을 당하는 꿈

♧풀이 : 현실에서 다른 사람에게 추앙을 받게 된다. 매사에 적극성을 보이게 되고 남이 감히 엄두를 내지 못하는 일도 손을 대어 성사시킨다. 따라서 이러한 꿈을 꾸게 되면, 진행하고 있는 일이나 계획한 일에 대해 과감히 밀고 나가는 것이 좋다. 실패할 일도 성공으로 이끄는 운세를 예시해 주고 있으므로 성취는 바로 눈 앞에 기다리고 있다.

♣자기가 전쟁터에 나가 대포를 쏘는 꿈

♧풀이 : 꿈 속에서의 '대포'는 현실에서의 '남성의 성기(性器)'를 상징한다. 따라서 이러한 꿈은 주로 '성적인 불만'에 휩싸여 있는 남성들에게 나타나기 쉽다. 이 꿈의 올바른 해몽으로는 '스트레스 해소'를 들 수가 있다. 현실에서 욕구불만을 해소할 수 있는 기회가 찾아오게 된다.

♣전쟁터에서 적을 죽이기도 하고 자신이 죽음을 당하기도 하는 꿈

♧풀이 : 자신의 노력이나 작품을 언젠가는 인정해 줄 날이 온다는 것을 암시해 주는 꿈이다. 어려움을 극복하고 어떠한 일을 성취하게 되거나 다른 사람을 따돌리고 자신이 우승하는 수도 있다. 길몽에 속한다고 할 수 있다.

♣죽은 사람의 몸에서 총이나 칼을 빼내어 가지는 꿈

♧풀이 : 계획한 일이 순조롭게 진행되기는 하지만 다른 곳에서 말썽이 일어날 징조이다. 또한 자신이 바라고 있던 일을 성취시키는데 따른 위험 부담이 커서 어려움에 봉착하게 된다는 것을 암시해 주는 꿈이기도 하다.

♣전쟁이 일어나는 꿈
♧풀이 : 전쟁이 금방 끝나는 꿈은 어려움을 극복할 징조이지만 그렇지 않고 오랜 시일을 끈다든가 치열하게 싸움을 하면 불안이나 걱정이 금방 해소되지 않고 갈등에 싸이게 된다. 이때 전쟁에서 이기면 고통에서 벗어나서 성공을 하게 된다.

♣자기가 군대의 행진을 지휘 하는 꿈
♧풀이 : 길몽이다. 좋은 일이 일어날 징조로 자신이 친구에게 사과하는 일이 있으며 당첨이나 당선이 될 징조이다.

♣여성이 큰 칼을 지녔거나 가지고 있는 꿈
♧풀이 : 길몽이다. 하는 일마다 재수가 있고 웃음이 있다. 칼이 머리맡에 있는 꿈은 운수가 대통한다.

♣도끼를 보는 꿈
♧풀이 : 신임을 얻게 되거나 중요한 일을 맡게 된다. 또한 형제 자손과 기쁨을 함께 나눌 일이 온다. 도끼를 얻는 꿈은 지위가 높아지게 된다.

♣칼이 물 속으로 떨어지는 꿈
♧풀이 : 가까운 사람의 죽음을 당하거나 훌륭한 인물이 사라지는 것을 본다. 꿈에 긴 칼이 나타나면 자신 때문에 다른 두 사람이 다투는 일이 있다. 또한 남이 나에게 칼을 주는 꿈은 승진이나 진급이 될 징조이다. 대체적으로 '칼'에 관한 꿈은 길조가 많다.

♣톱을 보는 꿈
♧풀이 : 흉몽이다. 다른 사람의 계교에 빠지는 일이 있거나 결정하기 어려운 곤란한 위치에 서게 된다.

♣창이나 방패에 광채가 나는 꿈
♧풀이 : 자신의 사업이 아무 탈없이 진행 되어 가고 있다는 것을 나타낸다. 승진이나 진급이 될 징조이며, 재산이 늘어난다.

♣남이 나의 목을 조르고 있는 꿈
♧풀이 : 꿈 속에서 누군가에 의해 목이 졸리고 있어서 소리를 쳐도 소리가 나지 않는 것은 자신이 어떠한 일을 몹시 후회하고 있다든가 큰 죄책감을 가지고 있다는 것을 뜻한다. 그러나 현실적으로 볼 때 결코 흉몽은 아니다.

♣남하고 싸움을 하는 꿈
♧풀이 : 어디를 가든 도움을 주는 사람이 있거나 존경할 만한 인물을 만나게 된다. 또한 돈이 들어오는 곳이 생기거나 선물을 받는 일이 있다.

♣다른 사람이 나를 죽이는 꿈
♧풀이 : 길몽이다. 재수가 있으며 하는 일마다 경사가 있다. 자신이 다른 사람을 때려서 죽이는 꿈은 매우 좋은 일이 일어날 징조로 부귀를 누리게 된다는 암시를 주는 꿈이다.

♣형제 간에 서로 때리면서 싸우는 꿈
♧풀이 : 우애가 돈독하고, 좋은 일이 있다. 다른 사람과 말다툼 하는 꿈은 가깝게 지내고 있던 사람이나 사랑하는 사람과 이별할 징조이다

♣ 여자에게 두들겨 맞는 꿈

♧ 풀이 : 흉몽이다. 좋지 않은 일이 일어날 물길한 징조의 꿈으로 망신당하는 일이 생기거나 남과 다투는 일이 있다.

♣ 자기가 갑옷을 입는 꿈

♧ 풀이 : 길몽이다. 하는 일마다 웃음이 있으며, 성공하게 될 암시를 주는 꿈이다. 매사를 적극적으로 처리하는 것이 좋다.

♣ 군민들을 통솔해서 행진하는 꿈

♧ 풀이 : 앞으로 경사스러운 일이 있으며, 남의 도움을 받거나 본인이 남을 돕는 일이 생긴다.

♣ 많은 사람을 거느리고 적을 물리치는 꿈

♧ 풀이 : 간절하게 원하고 있었던 일이 이루어지고, 계획하고 있었던 일을 적극적으로 밀고 나갈 수 있는 길이 열린다. 흰 깃발이나 군기를 보는 꿈은 사랑하는 사람이나 존경하는 사람이 나타나

는 것을 뜻하며 또한 자신을 귀하게 여기는 사람이 나타난다는 것
을 뜻하기도 한다.

♣ 자기가 활을 쏘는 꿈
♣ 풀이 : 목표 했던 것을 겨누는 꿈은 성적인 욕망을 표시하
는 것이다. 자신이 활을 쏘아서 다른 사람을 맞히는 것은 본인이
머지않아 먼 길을 가야할 일이 생기게 되며 타인이 자신을 쏘면
먼 곳에서 찾아온다.

또한 활로 달을 맞추는 꿈은 전쟁을 뜻하는 것으로 공격해서 싸
우면 반드시 이긴다. 뱀이나 용을 화살로 맞추는 꿈은 모든 일이
뜻한대로 진행된다. 길몽이다.

♣ 자기가 공격을 하는 꿈
♣ 풀이 : 현재 직면하고 있는 공포나 불안 같은 것을 없는 것처
럼 하고, 실제 없애 버리려는 것을 나타낸다.

이를테면 '저 사람이 나의 행동에 대해서 비난을 하지는 않을까'
하는 불안한 감정을 가지고 있을 때는 상대방을 공격해서 자신을
합리화 하고 싶은 것이다.

♣ 남에게 공격을 당하는 꿈
♣ 풀이 : 다른 사람에게 공격 당하는 꿈을 꾸면 보통 달아나려
고 해도 발이 제대로 움직여지지 않는 경우가 대부분이다. 사실 이
것은 도망가지 않고 공격 당하고 싶은 마음이 있다는 것을 뜻하는
경우도 있다. 가령 맹수에게 쫓겨서 무섭다고 생각하는 꿈을 여성
이 꾸었을 경우에는 맹수, 즉 남성에게 공격 당하고 싶다는 마음
이 있는 것이다.

♣ 자기의 칼을 다른 사람에게 주는 꿈
♣ 풀이 : 좋지 않은 일이 일어날 징조로 재수가 없다. 대인관계

가 원만하지 못한 사람은 직장을 다니지 못하고 그만 둘 수도 있으므로 대인관계에 좀더 신경을 쓸 필요가 있다. 칼을 휘둘러서 사람을 찌르는 꿈은 현실적으로도 다른 사람과 심하게 다투는 일이 있으며, 그 일로 인해서 고통을 받게 된다.

♣ 칼이나 창을 들고 다니는 꿈

♧ 풀이 : 길몽이다. 이 꿈은 모든 사람에게 좋지만 특히 군인이 이 꿈을 꾸는 것은 뜻하지 않는 일로 진급이 될 징조를 알려주고 있는 것이다. 칼 또는 창을 빼들고 다른 사람과 다투는 꿈도길몽으로 본인에게 좋은 일이 생긴다. 기혼녀의 경우에는 사랑하는 남편의 아이를 갖게 되며, 경사스러운 일이 겹치게 된다.

♣ 전쟁터에서 자기가 총알이나 창검을 줍는 꿈

♧ 풀이 : 현실적으로 무언가 진취적인 일이 일어난다. 그 동안 움츠렸던 자기의 사업이나 학업 등의 계획이 본격적으로 추진되어 어느 정도는 목표 달성을 이룩할 운세를 예시해 주는 꿈이다. 사업가는 예전보다 유익한 결과를 얻게 되어 생각보다 많은 재물을 얻게 된다. 꿈 속에서 노획물이 많으면 많을수록 현실에의 이익도 많다.

30. 죽음과 시체에 관한 꿈

♣ 시체 썩는 냄새를 맡는 꿈
♣ 풀이 : 길몽이다. 연기 냄새를 맡는 꿈은 흉몽이지만, 시체가 썩는 고약한 냄새를 맡는 꿈은 재물이 굴러들어올 것을 예시하는 꿈이다. 시체 썩는 냄새가 고약하면 고약할수록 많은 재물이 생긴다. 꿈 속에서의 '시체'는 현실에서의 '돈'과 '재물'을 상징한다.

♣ 이부자리에 피가 묻은 꿈
♣ 풀이 : 흉몽이다. 좋지 않은 일이 일어날 징조로 아내가 딴 마음을 먹고, 남과 심하게 싸우는 일이 있다.

♣ 사람을 죽여서 피가 나오는 꿈
♣ 풀이 : 길몽이다. 뜻하지 않은 곳에서 재산을 모으거나 귀중한 선물을 받게 된다. 몸을 뜸질한 부분에서 피가 나오면 모든 일에 재수가 있다.

♣ 자기가 사형을 당하는 꿈
♣ 풀이 : 길몽이다. 운수가 대통하고, 크게 성공한다. 생각하지도 않은 좋은 일이 닥치고, 병을 가지고 있는 사람은 완쾌될 징조를 보여주는 꿈이다.

♣ 돌아가신 아버지가 나타나는 꿈
♣ 풀이 : 자신에게 좋은 일이 있을 징조이며, 재수가 있다. 또

한 자신은 행복하다는 것을 느끼게 된다.

♣ 귀중한 인물이 죽어서 큰일났다고 하는 꿈

♧ 풀이 : 길몽이다. 어떤 중요한 큰 일이 자기에게 맡겨져서 성공적으로 끝마치거나 자신을 돕고 싶어하는 사람이 나타난다.

♣ 자신이 죽는 꿈

♧ 풀이 : 매사가 즐거우며, 인덕이 있어 자신을 이끌어 주는 사람을 만나 성공을 거둔다. 또한 아름답고 어여쁜 여성을 아내로 맞아 들이게 된다.

♣ 자신이 사람을 죽이는 꿈

♧ 풀이 : 길몽이다. 알뜰하게 절약을 하거나 꾸준히 저축을 하면 틀림없이 부귀를 누릴 것이다. 반대로 자신을 다른 사람이 죽이는 꿈은 오래 살 징조이다.

♣ 호랑이나 사슴, 소, 돼지 등을 죽이는 꿈

♧ 풀이 : 길몽이다. 원하던 것이 이루어지고, 자신이 아끼고 사랑해 주고 싶었던 사람을 얻거나 귀중한 물건을 얻게 된다.

♣ 사람이 죽은 것을 보는 꿈

♧ 풀이 : 운수가 열리고, 기쁨이 있다. 부모나 형제가 죽은 것을 보는 꿈은 자신에게 좋은 일이 있으며, 죽어 보이는 사람에게 평안한 일이 있다.

♣ 죽은 사람과 식사를 나누는 꿈

♧ 풀이 : 길몽이다. 모든 일이 생각한 대로 진행되고 마음에 평안이 온다. 또한 청탁이 들어오거나 협조자가 나타난다.

♣ 자기가 다른 사람에게 목이 졸려 졸도하는 꿈

♣ 풀이 : 가족이나 친지에게 불행한 일이 있을 징조이며, 결혼한 부인이 이 꿈을 보면 귀중한 물건을 도둑맞기 쉬우니 주의해야 한다.

♣ 자기가 땅이나 풀 위에 죽은 듯이 누워 있는 꿈

♣ 풀이 : 연인이나 친구와의 관계가 원만하지 못하고, 웃사람의 신임을 잃는다. 근심 걱정이 끊이지 않을 징조이다.

♣ 자기가 장례식에 참여하는 꿈

♣ 풀이 : 모든 것이 복잡하고 답답한 현 위치에서 본래의 자신의 위치로 되돌아가고 싶다는 것을 뜻한다. 꿈 속에 장례식이 나타나는 것은 일반적으로 길몽에 속한다.

♣ 자기가 초상집에 가서 조문을 하는 꿈

♣ 풀이 : 재주가 비상한 아이를 얻을 징조이다. 또한 꿈에 상여가 나타나는 것은 인간 관계가 원만하다는 것을 뜻한다. 매사가 즐겁다.

♣ 남이 아닌 자신이 자살을 하는 꿈

♣ 풀이 : 자살을 하는 꿈은 자신의 성격을 고치고 싶다는 것을 의미한다. 또한 다른 사람이 자살을 하는 꿈도 타인이 아닌 자신을 뜻하는 것이다. 귀인을 만나서 큰 도움을 받게 되고 미혼녀는 좋은 사람을 만나 결혼하게 될 징조이다.

♣ 자기가 목을 매달아 죽는 꿈

♣ 풀이 : 운수가 대통하고, 환자가 있는 집에서는 병이 완쾌될 징조를 알려주는 꿈이다. 칼로 자살을 하는 꿈은 생각지도 않은 곳에서 돈이 들어오게 된다.

♣ 돌아가신 아버지를 보는 꿈

♧ 풀이 : 길몽이다. 새로운 연인이나 친구를 사귀게 되고, 만족스러운 일이 일어난다.

♣ 칼로 심장이나 가슴을 찔리는 것과 같은 꿈

♧ 풀이 : 그동안 망설이고 있던 일에 대한 중대한 결심을 나타낸다. 이때 공포나 두려운 느낌이 드는 것은 사건이 중대해 다시 한번 생각해야 되지나 않을까 하는 망설임을 나타낸다.

♣ 죽은 사람이 말을 하는 꿈

♧ 풀이 : 보통 꿈 속에서의 시체는 자신이 누설해서는 안될 비밀을 가지고 있다는 것을 뜻한다. 사업이 번창하거나 장사가 잘되어서 만족한다. 시체에서 냄새가 나거나 피가 흐르는 꿈은 어떠한 비밀이 폭로되지 않을까 하는 초조감이나 불안감을 뜻한다.

♣ 자기가 죽은 사람을 안고 있는 꿈

♧ 풀이 : 길몽이다. 모든 일이 순조롭게 진행될 징조이다. 그러나 죽은 사람을 안고 울고 있는 꿈은 계획한 일이 뜻대로 되지 않는다. 그리고 죽은 사람이 웃고있는 것을 보면 큰 병이나 마음의 병이 곧 나을 암시를 주는 꿈이다.

♣ 죽은 사람을 다루거나 목욕시키는 꿈

♧ 풀이 : 길몽이다. 사업상의 계약이나 약속한 일이 이루어진다. 관 속에 넣어둔 시체를 얻는 꿈은 머지않아 재물이 들어 올 징조이다. 또한 죽은 사람이 걸어다니는 것을 보면 불쾌한 일이 생긴다.

♣ 자신이 사람을 죽이는 꿈

♧ 풀이 : 꿈 속에서의 살인은 현실에서의 자신의 위치가 불성실하다거나 현 생활에 대해 회의를 느끼고 새 생활을 하고 싶다는

것을 뜻하는 것이 대부분이다. 길몽으로 운수가 있으며, 귀하게될 꿈이다.

♣ 사람을 죽였는데 걸어다니는 꿈
♧ 풀이 : 길몽이다. 사업을 하면 성공을 하고, 운수가 열린다.

♣ 사람을 죽여서 자신의 옷에 피가 묻은 꿈
♧ 풀이 : 부자가 될 징조를 알려주는 꿈으로 귀인의 도움을 받는 일이 있거나 선물이 들어오는 곳이 생긴다.

♣ 뼈만 남은 시체를 보는 꿈
♧ 풀이 : 자신의 죄에 대한 두려운 마음을 나타낸다. 과거의 비밀이나 잘못된 것이 알려지지나 않을까 하는 불안을 뜻하기도 한다. 장사하는 사람은 영업이 잘 되고 유익한 일이 많이 생긴다.

♣ 집에서 제사를 지내는 꿈

♧ 풀이 : 길몽이다. 계획했던 일이 뜻대로 되어서 마음을 편안하게 가질 수 있다.

♣ 땅이 갈라져서 그 속에 자기가 빠지는 꿈

♧ 풀이 : 무엇인가 좋지 않은 불길한 징조를 알려주는 꿈으로 흉몽이다.

♣ 땅 속으로 몸이 저절로 들어가는 꿈

♧ 풀이 : 길몽이다. 모든 일이 뜻했던 대로 이루어지고 친구간의 감정도 깨끗이 씻어지며, 그동안 생각만 하고 실행하지 못했던 일을 하게 된다.

또한 땅이 가라앉거나 건물이 무너지는 꿈은 어머니에게 괴로운 일이 일어날 징조이다.

♣ 무덤이 저절로 열리는 꿈

♧ 풀이 : 길몽이다. 하고 싶었던 일이 있는 사람은 그 일을 성공적으로 하게 되거나, 그에 못지않은 좋은 일을 하게 될 징조를 알려주는 꿈으로 하는 일마다 웃음꽃이 핀다. 또한 땅을 파서 몸을 묻는 꿈은 돈이 들어와서 많은 저축을 하게 된다.

♣ 관을 보는 꿈

♧ 풀이 : 꿈 속에 관이 나타나는 것은 자살 이라는 것을 생각하고 있다는 것을 의미한다. 자신이 항의하는 길은 죽음이라는 것밖에 없다고 생각하고 있다. 이때 관이 클수록 그에 대한 욕망이 강렬하다는 것을 나타낸다.

♣ 무덤 속에서 저절로 관이 나오는 꿈

♧ 풀이 : 자신에게 행운이 찾아와 모든 일이 뜻대로 되고 무덤

에 불길이 일어나거나 꽃이 피는 꿈은 앞으로 하는 일마다 웃음꽃
이 피게 되어 가슴을 활짝 펼 수 있게 된다.

♣ 죽은 사람이 자신을 쫓아오는 꿈
♧ 풀이 : 계획한 일이 순조롭지 못하고 도중에서 절망이나 실
패를 하게 될 징조이다. 또한 사랑하는 사람과의 관계가 원만하
지 못하거나 자신을 시기하고 질투하는 사람이 나타나기도 한다.
어쨌든 이 꿈은 정신적으로 고통을 받게 될 것을 예시해 주는 꿈
이다.

♣ 사람을 죽이고 통쾌해 하는 꿈
♧ 풀이 : 꿈 속에서 사람을 무자비하게 죽이고 있는 것은 자신
이 그와같은 대담성을 가지고 있다는 것을 뜻한다. 현실적으로도
자신이 계획한 일이나 원했던 일을 과감하게 밀고 나가서 성취시
킨다.

또한 자신의 마음에 든 여자는 어떻게 해서라도 소유하고 싶다
는 것을 뜻하기도 한다.

♣눈물을 흘리는 꿈
♧풀이 : 곤란한 일이 생길 징조이다. 상대방의 오해를 살 일이
빚어져 진퇴양난의 국면을 맞이하게 된다.

♣죽은 사람이 벌떡 일어나서 돌아다니는 꿈
♧풀이 : 흉몽이다. 건강에 이상이 올 징조로 재수가 없다. 자기
가 하는 일에 대해서 시비를 거는 사람이 나타나서 다투는 일이
있는가 하면, 모든 일에 짜증이 나게 된다. 그러나 이 때만 잘 넘
기면 다시 정상적인 기분이 된다.

♣부엌 안에서 시체를 넣는 관을 보는 꿈
♧풀이 : 다른 사람에게 돌아가야 할 행운이 생각지도 않게 자

기 자신에게 주어진다. 뜻하지 않은 횡재를 하게 된다는 것을 암시해 주는 꿈으로 길몽에 속한다.

♣상여가 지나가는 것을 보는 꿈

♧풀이 : 현실적으로 재물을 얻게 될 것을 암시해 주는 꿈이다. 미혼녀가 이런 꿈을 꾸면 머지않아 혼담이 오가게 되고, 기혼녀가 꾸었을 경우에는 남편에 대한 자신의 애정을 다시 한번 확인하게 된다. 어쨌든 기쁜 일이 일어날 징조의 꿈으로 길몽에 속한다.

♣자기가 남의 무덤 앞에서 절을 하는 꿈

♧풀이 : 길몽이다. 소원 성취를 하는 운세를 예시해 주는 꿈이다. 그런데 만약 자기가 남의 무덤 앞에서 우는 꿈을 꾸었다면, 이것은 크나큰 흉몽이 된다. 만약 우는 꿈을 꾸었다면 현실적으로 억울한 일이 일어나게 된다.

남에게 사기를 당한다든지 또는 가까운 사람과 이별하는 불행이 찾아오게 되는 것이다.

31.기 타

♣꿈 속에서 꿈을 꾸는 꿈

♧풀이 : 자기 자신의 일이면서도 자기 자신이 직접 뛰어들고 싶지 않은 일이 일어날 징조이다. 제 3 자의 입장에서 자신의 일을 관망하게 될 것을 예시하는 꿈이다. 이러한 꿈은 결코 길몽이라 할 수가 없다. 오히려 흉몽 쪽에 가까운 꿈이다. 따라서 이러한 꿈을 꾸었을 경우에는 자기 자신의 주변을 잘 점검하고 매사에 주의하는 것이 바람직하다.

♣굴뚝에서 연기와 함께 불길이 뿜어져 나오는 것을 보는 꿈

♧풀이 : 억눌렸던 기분에서 풀어져 자유스러운 분위기를 갖게된다. 그 동안 쌓인 스트레스를 해소할 수 있는 명쾌한 일들이 벌어지게 된다. 비교적 길몽 쪽에 속하는 꿈이다.

♣황금으로 된 빗을 얻는 꿈

♧풀이 : 사랑하는 연인을 만나게 된다. 또한 아내 외에 다른 여자를 알게 될 징조이다. 보통 우리가 사용하고 있는 빗을 보면 길하고 그 빗이 꺾어지면 연인과 헤어지는 일이 있거나 부부가 이혼을 하게 된다.

♣세수를 하고 단정하게 머리를 빗는 꿈

♧풀이 : 길몽이다. 부진했던 사업이 번창을 하고, 미워했던 사람을 이해하게 되는 일이 있다. 마음의 평안이 올 징조이다.

♣남이 나에게 화장품을 주는 꿈

♧풀이 : 웃사람이나 동료들로부터 신임을 받게 되고, 나를 사랑해 주는 사람을 만나게 된다.

♣못생긴 여자가 자기의 머리를 빗겨주는 꿈
♧풀이 : 흉몽이다. 행실이 바르지 못한 여자의 사랑으로 고통받게 되거나 자신은 그 여자를 떠나고서는 살 수 없을 정도의 사랑에 빠져서 해를 입는 일이 있다.

♣화살로 뱀이나 용을 맞혀서 뱀이나 용이 쓰러지는 꿈
♧풀이 : 길몽이다. 운수가 대통하고 사업이 번창할 징조를 알려주는 꿈이다.

♣다른 사람에게서 활과 화살을 받는 꿈
♧풀이 : 길몽이다. 자신을 진정으로 아껴주는 사람이 나타나고 남에게서 도움을 받는 일이 있다.

♣옥에 갇힌 죄수를 다른 사람이 때리는 것을 본 꿈
♧풀이 : 길몽이다. 주식이나 채권 등이 생기고 생각지 않은 곳에서 재산을 모으게 된다.

♣감방이나 지옥 같은 곳에서 이상한 냄새가 나는 꿈
♧풀이 : 길몽이다. 모든 일이 길하고 재수가 있다. 형제에게서 친밀감을 느끼는 일이 있다.

♣자기가 감방에서 매를 맞고 있는 꿈
♧풀이 : 길몽이다. 많은 친구들이 생기고, 경사스러운 일이 있다. 머지않아 부귀를 누릴 징조를 알려주는 꿈이다.

♣사형선고를 받고 죽으려는 찰나에 구원을 받는 꿈
♧풀이 : 길몽이다. 허약했던 몸이 점차로 건강을 회복하고 희망이 넘친 생활을 맞아들일 징조이다.

♣죽은 사람의 고기를 먹는 꿈

♧풀이 : 귀인의 도움으로 출세의 길이 열리거나 부귀를 누릴 징조이다. 또한 뜻하지 않은 어려운 곳에서 자신을 도와주는 사람을 만나게 된다.

♣자기의 손익을 계산해보는 꿈

♧풀이 : 현실적으로도 꿈에서와 마찬가지로 손익을 계산해 볼 수 있는 일이 생긴다. 만약 꿈 속에서 손익을 계산한 결과가 나타난다면 현실에서도 그와 같은 결과를 얻을 수 있다. 이러한 꿈은 주로 신규 사업을 많이 계획하고 있는 사업가에게서 나타나는 것 같다.

♣연기 냄새를 맡아보는 꿈

♧풀이 : 자기 자신이 연기 냄새를 맡아보는 꿈은 반드시 좋지 않은 소문이 퍼질 징조를 예시하는 꿈이다. 꿈 속에서의 '연기'가 상징하는 표상물은 바로 '소문'이다. 자기 자신만 간직하고 싶은 비밀이나, 남이 알아서는 안될 부끄러운 일들이 소리없이 빠져나가 다른 사람에게 알려지는 수치를 겪게 될 현실에 대한 예시가 바로 연기 냄새를 맡는 꿈이다.

♣화살이 갑자기 부러지는 꿈

♧풀이 : 흉몽이다. 계모임이나 자신이 가입한 어떠한 단체가 해체되는 것을 보게 된다.

♣자신의 활과 화살이 있는 꿈

♧풀이 : 길몽이다. 복잡했던 사업의 일이 쉽게 풀어지고 청탁이 들어오거나 중요한 임무를 맡게 된다.

♣자신이 죄수에게 사형선고를 내리고 있는 꿈

♧풀이 : 시비를 거는 사람이 계속해서 나타난다. 또한 부부가

다투는 일이 잦으며, 좋지 않은 일을 보게 된다.

♣궁전 같은 집에서 많은 하인을 두고 살고 있는 꿈

♧풀이 : 흉몽이다. 원했던 일이 이루어지지 않고 보기 싫은 일을 당하거나 자신이 이성을 잃은 행동을 취하는 수도 있으므로 항상 마음을 새롭게 할 필요가 있다.

♣ 가마를 타는 꿈

♧ 풀이 : 흉몽이다. 좋지 않은 일이 일어날 징조로 부인과 이별하고 자식과 이별할 수이다.

♣ 가마에 사람이 없는 꿈

♧ 풀이 : 불길한 징조의 꿈으로 자신에게 해로운 일이 있다. 또한 근심이나 걱정거리가 생긴다.

♣ 가마가 엎어지는 것을 본 꿈

♧ 풀이 : 길몽이다. 좋은 일이 일어날 징조로 노력한 댓가를 얻게 된다. 또한 출세해서 성공을 하게 된다.

♣ 자신이 철교를 건너가고 있는 꿈

♧ 풀이 : 자신이 원하고 있는 일이나 욕구불만을 해소하기에는 위험이 도사리고 있다는 것을 뜻한다. 따라서 이 꿈은 위험에 대한 두려움이나 불안한 마음을 의미하고 있다.

♣ 자신이 점장이에게 점을 치고 있는 꿈

♧ 풀이 : 건강이 나빠지거나 질병을 얻을 징조이다. 따라서 자신의 건강에 대해 좀 더 신경을 쓸 필요가 있다.

♣ 차바퀴가 빠지는 꿈

♧ 풀이 : 자신의 마음 속에 권태감, 소극적인 사고, 의욕에 대

한 감퇴 등이 온다는 뜻이다. 진행 중이던 일이 도중에 어려움에
부닥치거나 부부가 이별할 징조이다.

♣ 차바퀴가 돌아가는 꿈

♧ 풀이 : 자신은 현재 진행중인 일에 의욕이 넘치고 있다는 것
을 상징하는 꿈이다.

♣ 자기가 종착역이나 목적지에 다다른 꿈

♧ 풀이 : 자신의 과거를 잊고 현 생활에 충실하고 싶다는 것을
뜻한다. 그러나 자신이 목적지를 찾지 못해서 길을 헤매고 있는
꿈은 무언가 강한 두려움을 가지고 있다는 것을 의미하고 있다.

♣ 마차를 탓는데 가지 않는 꿈

♧ 풀이 : 자신의 마음 속에 욕구 불만이 가득 찼다는 것을 뜻한
다. 어느 것에 대해 강렬한 욕망을 가지고는 있지만 현 상황에서
이루어지기 어렵다는 것을 의미하고 있다. 원하고 있던 일이 뜻대
로 진행되지 않는다.

♣ 마차를 타고 꽃 구경을 하거나 꽃놀이를 하는 꿈

♧ 풀이 : 진급이나 승진되는 일이 있으며, 주식이나 채권 등을
얻을 수도 있으며 생각지도 않게 재산이 늘어날 징조이다.

♣ 인형을 보는 꿈

♧ 풀이 : 아기가 태어나는 것에 대한 두려운 마음이라든가 자
신이 미워하고 있는 사람에 대한 증오감을 나타낸다. 건강이나빠
져서 질병을 얻거나 죽을 징조이니 건강에 좀더 신경을 써야 한다.

♣ 신부가 웃고 있는 것을 보는 꿈

♧ 풀이 : 꿈 속에서의 웃음은 남의 눈을 속이려 하고 있다거나
욕정을 억누르려는 것을 뜻하고 있다. 기다렸던 사람이 찾아오거

나 친구가 찾아온다.

♣ 자기가 다른 사람과 함께 크게 소리내서 울고 있는 꿈

♧ 풀이 : 경사스러운 일이 생기거나 크게 축하할 일이 생긴다. 혼자서 슬프게 울고 있는 꿈은 잔치를 벌여야 할 일이 있거나 남에게 초대받는 일이 생긴다.

♣ 아내와 아들이 함께 울고 있는 꿈

♧ 풀이 : 재산을 잃는 일이 생기거나 고통에 시달리게 된다. 또한 먼 곳에서 사람이 와서 울고 있는 꿈은 알고있는 사람이 죽음을 당할 징조이다.

♣ 새벽에 닭의 울음이 들리는 꿈

♧ 풀이 : 집안이 화목하고, 가업이 번창할 징조로 미혼녀는 백마를 탄 남성이 나타난다. 이빨을 드러내고 울고 있는 꿈은 자신

이 싫어지거나 여러 사람들과 다투는 일이 있다. 통곡을 하고 있
는 꿈은 먼 곳에서 사람이 찾아오거나 초대받는 일이 생긴다.

♣ 고장이 난 시계를 보는 꿈

♧ 풀이 : 일반적으로 꿈 속에서 시계같은 정밀기계는 사람의 몸
전체를 나타내고 있다. 따라서 시계가 고장난 꿈은 자신의 몸에
이상이 있다거나 극도로 피로해 하고 있다는 것을 뜻한다. 또한 자
신의 마음을 알아주는 사람이 없는 고독감이나 외로움을 뜻하기
도 한다.

♣ 타인에게서 먹을 받는 꿈

♧ 풀이 : 글을 쓸 기회가 주어져서 세상이 깜짝 놀랄만한 글을
발표할 징조이다. 먹을 보는 꿈은 자기에게 도움을 줄 귀인을 만
나게 되며, 벼루를 보면 수명이 길어진다.

♣ 자신이 중이 된 꿈

♧ 풀이 : 모든 일이 만족스럽고 환자가 있는 집에서는 병이 완
쾌될 암시를 주는 꿈이다. 자신이 중에게 경문을 배우고 있는 꿈
은 복이 돌아올 징조이다.

♣ 늙은 스님을 보는 꿈

♧ 풀이 : 고민거리나 걱정거리가 말끔히 해소되고 좀더 여유있
는 생활을 가지게 된다. 승려가 독경하고 있는 것을 보면 근심거
리가 생기고 병을 얻을 징조를 알려주는 꿈이다.

♣ 신이 나타나 길흉을 예고해 주는 꿈

♧ 풀이 : 길몽이다. 관직을 얻으며, 생각지도 않은 사람이 큰
도움을 주는 일이 있거나 운수가 대통할 꿈이다.

♣ 종소리나 북소리가 크게 나는 꿈

♧ 풀이 : 가까운 시일 안에 자신에게 큰 영향을 줄 사람을 만나게 되며 지위가 올라가고 사업이 안정을 취하게 된다. 종이 울리면 반가운 소식이 있고 종을 쳐도 소리가 나지 않는 꿈은 근심거리가 생길 징조이며 결혼이니 사업에 파란이 온다.

♣ 자기 집에서 다른 사람의 부인을 애무하는 꿈

♧ 풀이 : 생각지도 않은 좋은 일이 생기거나 어떤 기관으로 부터 상을 받을 징조이다.

♣ 선녀와 육체 관계를 맺는 꿈

♧ 풀이 : 길몽이다. 많은 사람들로부터 칭송받을 일을 하게 되고 자신을 따르는 사람이 많게 된다. 남에게 강간을 당하는 꿈은 재산을 모을 징조이다.

♣ 부인이 여러 개의 유방을 가지고 있는 꿈

♧ 풀이 : 부부가 이별할 수이다. 유방에 피가 묻어 있는 꿈은 임신을 할 징조이다. 미혼녀의 경우 풍만한 유방을 가지고 있는 꿈을 꾸면 결혼하고 싶다는 마음을 나타내는 것이고, 좀 나이가 든 부인의 경우에는 노년을 안락하고 편안하게 보낸다는 것을 암시하는 꿈이다.

♣ 많은 사람들을 초대한 자리에서 남녀가 관계하며 연회를 베푸는 꿈

♧ 풀이 : 연인이나 친구와 화해를 하게 되고 어떠한 집필이나 계획한 일이 순조롭게 진행된다. 자기 부인이 다른 남자와 관계를 맺는 꿈은 이름을 떨칠 징조이며, 재물을 얻는다.

♣ 길에서 돈을 줍는 꿈

♧ 풀이 : 사랑하는 사람으로부터 고백을 받거나 혼담이 성사될

징조이다. 또한 자신에게 일을 부탁하는 사람이 있고 친구와 화
해한다.

♣ 귀인이 나에게 선물이나 보물을 주는 꿈
♧ 풀이 : 길몽이다. 좋은 연인이나 친구를 만나거나 자신의 운
명을 바꿔 놓을 정도의 사람을 만나게 된다.

♣ 남에게서 활이나 화살을 받아 사냥을 하는 꿈
♧ 풀이 : 도움을 받는 일이 있거나 지도를 받는 일이 있다. 또
한 새로운 일이나 직책을 받게 될 징조이다.

♣ 남에게 집안의 재물을 나누어 주는 꿈
♧ 풀이 : 친구나 연인끼리 헤어지는 일이 있거나 친척이 이사를
가는 일이 생긴다.

♣ 자신이 남에게 의복을 주는 꿈
♧ 풀이 : 지위를 잃거나 직장을 그만두는 일이 있으며, 뜻하지
않은 일로 인해서 고통을 받게 된다.

♣ 물고기를 선물로 받는 꿈
♧ 풀이 : 사랑했던 옛연인의 소식이나 고향 소식을 접하게 된다.
또한 생각지도 않은 사람을 우연히 만나는 일이 있다.

♣ 싸이렌 소리가 들리는 꿈
♧ 풀이 : 자신은 현실에서 어떠한 일에 대해 불안을 가지고 있
다는 것을 뜻한다. 구급차나 소방차가 싸이렌 소리를 울리며 오는
것도 자신의 불안을 떨쳐버리고 싶다는 강한 욕망을 나타내는 꿈
이다.

♣ 자기가 빗자루를 들고 있는 꿈

♧ 풀이 : 계획한 일이 순조롭게 진행되고 지위가 올라가거나 좋은 배필을 맞아들일 징조다. 그러나 떨어진 빗자루는 재산을 잃는다.

♣ 불상 또는 석탑을 세우고 있는 꿈

♧ 풀이 : 길몽이다. 돈이 들어오는 곳이 생기거나 도움을 줄 수 있는 귀인을 만나게 된다. 출가한 승려의 경우는 이름을 널리 떨칠 징조를 알려주는 꿈이다.

♣ 불당이나 신전에서 절하거나 춤추는 꿈

♧ 풀이 : 좋은 직장을 얻거나 지위가 올라갈 징조이며, 출세의 문이 열린다. 술이나 떡을 차려 놓고 제사지내는 꿈을 꾸면 바라고 있던 일을 성취하게 된다.

♣ 벽장이나 다락에서 나오는 꿈

♧ 풀이 : 꿈 속에서의 벽장 속은 보통 자신이 주위 사람들에 의해 자유가 구속되어 있는 고민을 나타낸다. 따라서 벽장 속에서 나오는 꿈은 원대한 일을 계획하게 되며, 성공적으로 이끈다는 암시를 주는 꿈이다.

♣ 물건으로 사람을 때리는 꿈

♧ 풀이 : 길몽이다. 하는 일마다 재수가 있으며, 운이 있다. 큰 계획이 있을 때 추진하면 반드시 성공할 것이다.

♣ 밧줄이나 새끼줄로 몸이 묶여진 꿈

♧ 풀이 : 운수가 따르며 경사스러운 일이 겹친다. 이것은 자기 마음 속에 자리잡고 있는 사람에게 얽매이고 싶다는 것을 뜻하기도 한다.

♣ 밧줄이나 새끼줄을 끊어버리는 꿈

♧ 풀이 : 하는 일마다 재수가 없으며, 좋지 않은 일이 일어날징
조이므로 조심해야 한다. 또한 지금 계약 중에 있는 일이 파약 당
하거나 가입하고 있는 클럽이나 모임이 깨지게 될 꿈이다.

♣ 자기가 그물을 덮어 쓰는 꿈
♧ 풀이 : 잔치를 벌여야 할 일이 생기거나 반대로 잔치집에 초
대받는 일이 있게 된다. 또한 돈이 들어오거나 선물을 줘야 할 곳
이 생긴다.

♣ 목수가 나타나는 꿈
♧ 풀이 : 원만하지 못한 자신의 성격이나 육체적으로 자신이 없
는 결함을 새롭게 고치고 싶다는 것을 뜻하고 있다. 집이나 건물
같은 것은 인간의 몸 전체를 나타내므로 꿈 속에서의 목수는 현실
에서 몸을 고치거나 병을 없애주는 의사를 상징한다.

♣ 옷에 잉크나 먹물이 묻는 꿈
♧ 풀이 : 자기가 원하고 있는 여자를 자기 것으로 만들고 싶다
거나 자신을 그 여자의 것이 되게 하고 싶다는 것을 뜻한다. 만년
필로 글씨를 쓰는 것도 마찬가지이다.

♣ 붓이나 만년필 등에 꽃이 피는 꿈
♧ 풀이 : 훌륭한 문장으로 이름을 떨칠 징조이며, 가까운 사람
들 중에서 도움을 줄 수 있는 사람이 나타난다.

♣ 자기가 마차를 타고 있는 꿈
♧ 풀이 : 물질적으로나 정신적으로 남에게 도움을 주고 있는 남
성을 좋아하게 된다. 여성이 이 꿈을 꾸면 꽃가마를 타고 싶다는
것으로 결혼을 의미한다. 이때 마차가 매우 튼튼하거나 짐이 가득
실려 있으면, 자신은 물질적인 면이나 성적인 면에서 만족하고 있
다는 것을 뜻한다. 여기서 마차를 모는 마부는 사회적 질서나 이

성을 의미한다. 마차를 타고 문으로 들어오는 꿈은 불길한징조로
각별히 조심해야 한다.

♣ 역마차가 자기를 향해 달려오는 꿈

♧ 풀이 : 길몽이다. 집안에 경사스러운 일이 있거나 매우 귀한
손님이 찾아오게 된다.

♣ 말이 없는 마차나 말안장이 없는 마차를 보는 꿈

♧ 풀이 : 길몽이다. 머지않아 부귀 영화를 누릴 징조를 알려 주
는 꿈이며, 매사가 뜻대로 된다.

♣ 문이 커 보이거나 높은 곳에 있는 꿈

♧ 풀이 : 귀인을 만나서 출세의 문이 열리거나 큰 부자가 되는
수도 있으며 귀인이 될 징조도 있다.

♣ 문이 갑자기 크게 열려진 꿈

♧ 풀이 : 하는 일마다 운이 따르고 경사스러운 일이 일어난다.
문이 천천히 열려지는 꿈은 아내가 부정을 하게 된다. 또한 문이
잠겨서 들어가지 못하는 꿈은 운수가 막혀서 하는 일마다 재수가
없다.

♣ 문이 저절로 부서지는 꿈

♧ 풀이 : 밑에서 일을 하던 사람이 달아나거나 가까운 사람과
이별하는 일이 있게 된다. 대문이 부서진 꿈은 좋지 않은 꿈으로
모든 일을 조심해야 한다.

♣ 문 앞에 새로운 냇물이 생기는 꿈

♧ 풀이 : 생각한 것처럼 쉽게 일이 풀어지지 않는다. 많은 일을
벌려 놓지 않도록 주의해야 한다. 문을 새로 만들어 다는 꿈은귀
자를 얻을 꿈이다.

♣ 불에 의해서 문이 타는 꿈

♧ 풀이 : 불길한 징조의 흉몽이다. 행동 하나 하나에 신경을 기울여야 할 것이다.

♣ 남에게 속은 꿈

♧ 풀이 : 자신이 다른 사람을 교묘하게 속이려 하고 있다는 것을 뜻한다. 또한 이미 속인 경우도 있다.

♣ 도박을 하여 돈을 따는 꿈

♧ 풀이 : 꿈에 도박을 하는 것은 자기 자신만이 유리한 경지를 차지 하고 싶다거나 좋지 않은 생각을 하고 있다는 것을 의미한다. 따라서 돈을 따는 꿈은 가까운 사람에게 배반을 당하거나 재물을 잃게 된다. 일반적으로 도박이나 승부를 거는 꿈은 몸이 허약한것으로 건강에 신경을 써야 할 것이다. 또한 꿈에 윷놀이 하는 것을 보면 재물을 얻게 된다.

♣ 냄새를 맡거나 연기를 보는 꿈

♧ 풀이 : 자신의 어떠한 일에 대해서 소문이 나지 않을까 하는 불안한 마음을 뜻한다. 물건이 썩는 꿈이라든가 아무리 청소를 해도 악취가 제거 되지 않는 꿈은 다른 사람에게 알려지면 안될 부도덕한 일이나 양심에 걸리는 일을 했다는 의미를 상징하고 있다.

♣ 남에게 꾸중을 듣는 꿈

♧ 풀이 : 길몽이다. 무엇인가 양심에 꺼리는 일이 있다는 것을 의미하는 것이며, 누군가에게 꾸중을 듣던 그 일을 생각하고 싶지 않다는 기분을 나타낸다. 또한 다른 사람에게 심한 모욕을 당하는 꿈은 원했던 일이 척척 진행되고, 재수가 풀린다. 대체로 꾸중을 듣거나 꾸중하는 꿈은 재수가 있다.

♣ 무엇인가가 갈라지는 꿈

♧ 풀이 : 현재 처해 있는 위치가 심히 불안하거나 안정되지 못했을 때 많이 꾼다. 가령 믿고 따르던 사람에게 커다란 실망을 안겨 주게 되지나 않을까 하는 걱정과 자신의 사업에 파업을 하게 되는 것과 같은 걱정 등이다. 이러한 것들은 현실에 나타나지 않았어도 미래를 암시해 주는 것으로 꿈 속에서 미리 나타나는 경우도 있다.

♣ 자기가 감옥에 갇혀 있는 꿈

♧ 풀이 : 꿈 속에서 홀로 갇혀 있다는 것은 외로움, 슬픔, 고해 등을 상징하는 꿈이다. 현실적으로는 이러한 일을 체험하게 된다. 그러나 옥에 갇혀 있는 자신에게 욕을 하거나 때리는 사람이 있을 경우에는 매우 반가운 소식이 있을 것을 암시해 주는 꿈이다. 자기가 감옥에 갇혀서 앉아 있는 꿈은 머지않아 재물이 생길 징조를 알려주는 꿈이다.

♣ 매우 높은 무덤을 본 꿈

♧ 풀이 : 길몽이다. 그날 하루 동안 모든 일이 잘 풀어져서 유쾌하게 보낼 수가 있다. 뜻하지 않은 사람을 친구로 사귀는 일이 있는가 하면 자신이 신임을 받는 일이 있을 징조이다.

♣ 결혼식장에 상제가 나타나는 꿈

♧ 풀이 : 성스런 결혼식장에 상제가 나타나는 것은 실제로 좋지 않은 일이 일어날 것을 암시하는 꿈이다. 늙은 부인이 이 꿈을 꾸면 자식에게 불행한 일이 생기게 되며, 갓 결혼한 남녀의 경우에는 결혼생활이 순탄하지 못하다는 것을 예시해 주는 꿈이다. 흉몽이다.

♣ 마차가 집안으로 들어오는 꿈

♧ 풀이 : 불길한 징조의 꿈으로 흉몽이다. 집안에 재앙이 일어 난다는 것을 예시하고 있는 것으로, 가족 중의 한 사람이 불행한 일을 당하거나 근심이 되는 일이 있게 된다.

♣ 높은 사람이 자기를 부르는 꿈

♧ 풀이 : 매우 좋은 길몽이다. 본인 또는 부모 형제에게 경사 스러운 일이 생기게 되며, 관직에 있는 사람은 지위가 올라가게된 다.

♣ 차바퀴나 수레바퀴가 떨어져 나가는 꿈

♧ 풀이 : 자신이 소중하게 여기고 있던 물건을 잃게 되거나 자 신에게 반드시 필요한 인물을 잃게 된다. 또한 한 지붕 아래에서 함께 생활하던 부부가 이별하는 일이 있을 수도 있다. 따라서 가 까운 사이라고 해서 함부로 대하는 태도는 삼가하고 서로가 지킬 것은 지켜야 하겠다.

♣갑자기 가마솥이 깨지는 것을 보는 꿈

♧풀이 : 불길한 징조를 알려주는 흉몽이다. 관직에 있는 사람 이 이 꿈을 꾸면 매우 훌륭한 인물이 모함을 당하는 것을 보게된 다. 보통 사람의 경우에는 평소에 가까이 지내고 있는 사람이나 식구 중의 한 사람이 다치게 된다. 부엌에서 그릇이 깨지는 꿈은 구설수에 휘말릴 징조로 행동을 올바르게 가져야 한다.

♣북소리나 또는 경을 읽는 소리가 들리는 꿈

♧풀이 : 먼 곳의 친구에게서 기쁜 소식이 오거나 반가운 손님 이 자기 집을 방문하게 된다. 또는 길이나 차 안에서 우연히 옛 친구나 옛 애인을 만날 수도 있다.

♣대문이나 뜰 앞에 시궁창이 있는 꿈

♣풀이 : 한 마디로 말해서 흉몽이다. 계획한 일이 보람없게 되고 모든 일이 뜻대로 되지 않는다. 사업을 하는 사람이 이 꿈을 꾸면 사업이 실패하게 될 징조를 알려주는 것이고, 상인의 경우에는 이익이 남지 않는 장사를 하게 된다.

♣결혼하는 것을 보는 꿈
♣풀이 : 꿈 속에서의 결혼은 미혼일 경우 결혼하고 싶다는 마음을 나타내는 것이고, 기혼녀의 경우에는 결혼 이후의 생활하는 것을 의미하는 것이다. 대체로 여자가 시집을 가는 꿈은 그리 좋지 않으며 남자가 결혼하는 꿈은 좋은 일이 있을 징조이다.

♣자기가 들판에 누워서 잠을 자고 있는 꿈
♣풀이 : 여유있는 생활에 대한 동경심을 나타내는 것으로 원했던 일이 이루어질 징조이다. 걱정되었던 일이나 갈등에 휩싸였던 일이 자기가 바라던 대로 해결되고, 활기찬 생활을 하게 된다. 뿐만 아니라 프로포즈하는 남성이 생기게 된다. 들판을 걷고 있는 꿈도 재수가 있고 경사스러운 일이 생긴다.

♣자기가 자리를 펴고 앉아 있는 꿈
♣풀이 : 매우 좋은 길몽이다. 평소에 원하고 있었던 직업을 얻게 되거나 마음에 드는 이성과 결혼을 하게 된다. 무척 중요했던 일이 성사가 되는 등 경사스러운 일이 겹치게 된다.

♣자기가 구슬을 품안에 안고 있는 꿈
♣풀이 : 일반적으로 행동이 어진 사람을 친구로 사귀게 되거나 좋은 이성을 만나게 된다. 따라서 자기도 모르는 사이에 그들과 비슷한 행동을 하게 되거나 감화를 받는 일이 있다. 어쨌든 좋은 일이 있을 것을 암시해 주는 꿈이다.

```
┌─────────┐
│ 판 권   │
│ 본 사   │
│ 소 유   │
└─────────┘
```

현대 꿈해몽 비법

2017년 12월 25일 인쇄
2017년 12월 30일 발행

지은이 | 이 청 림
펴낸이 | 최 상 일

펴낸곳 | 태 을 출 판 사
서울특별시 중구 다산로38길 59(동아빌딩내)
등 록 | 1973. 1. 10(제4-10호)

©2001. TAE–EUL publishing Co.,printed in Korea
※잘못된 책은 구입하신 곳에서 교환해 드립니다.

■ **주문 및 연락처**
우편번호 0 4 5 8 4
서울특별시 중구 다산로38길 59 (동아빌딩내)
전화 : (02)2237-5577 팩스 : (02)2233-6166

ISBN 978-89-493-0515-8   13180